Rozmowy z Bogiem

Jesteś u progu niecodziennego doświadczenia. Zaraz rozpoczniesz rozmowę z Bogiem. Tak, wiem... to niemożliwe. Tak uważasz (lub tak cię nauczono) – to nie jest możliwe. Można zwracać się do Boga, ale rozmawiać z nim? Przecież Bóg nie odpowiada, prawda?

Ja myślałem podobnie. I wtedy przydarzyła mi się ta książka. Dosłownie. Tej książki nie napisałem, ona mi się przydarzyła. Podobnie będzie z tobą, gdy po nią sięgniesz, ponieważ wszystkich nas życie stawia przed prawdą, do której dojrzeliśmy.

Neale Donald Walsch

RAVI

Neale Donald Walsch

Rozmowy z Bogiem

tom I

Tytuł oryginału:
Conversations with God. An Uncommon Dialogue. Book 1

Przekład: Sławomir Studniarz
Korekta: Anna Kotynia-Kosmynka
Skład: Norbert Młyńczak
Druk: Drukarnia im. A. Półtawskiego

ISBN 978-83-916382-1-7
Wydanie I, dodruk, Łódź 2017

Wydawca: Esse sp. z o.o., ul. Krokusowa 3, 92-101 Łódź
Współpraca: Wydawnictwo JK

ANNE M. WALSCH,

która nie tylko wpoiła mi, że Bóg istnieje,
ale ukazała też wspaniałą prawdę,
że Bóg jest moim najlepszym przyjacielem;
która była mi więcej niż matką
i zrodziła we *mnie*
tęsknotę i miłość do Boga,
i wszelkiego dobra.
Mama była dla mnie
pierwszym zetknięciem z aniołem.

oraz

ALEXOWI M. WALSCHOWI,

który często powtarzał mi,
„Nie ma się czym przejmować",
„Nie zniechęcaj się odmową",
„Człowiek jest kowalem swojego losu"
i „Sięgaj po więcej".
Tato był dla mnie
pierwszym doświadczeniem niepokorności.

Podziękowania

Przede wszystkim, zawsze i nieustannie, zwracam się do Źródła wszystkiego, co znalazło się w tej książce, wszystkiego, co składa się na życie – i samego życia. Dalej, pragnę podziękować moim duchowym nauczycielom, do których należą święci i mędrcy wszelkich religii.

Wreszcie, wierzę, że każdy z nas mógłby sporządzić listę osób, których wpływu na nasze życie nie sposób wręcz przecenić; osób, które głosiły nam swą prawdę, dzieliły się z nami swą mądrością, cierpliwie znosiły nasze wady i słabostki; które przejrzały nas na wylot, dostrzegając to, co w nas najlepsze. Osób, które przez swą akceptację, a także w równym stopniu przez swą *niezgodę* na uznanie w nas tego, czegośmy tak naprawdę dla siebie nie wybrali, przyczyniły się do naszego wzrostu. Dzięki nim staliśmy się w jakiś sposób *więksi*.

Oprócz mych rodziców, którzy byli dla mnie tym wszystkim, do ludzi tych należą: Samantha Górski, Tara-Jenelle Walsch, Wayne Davis, Bryan Walsch, Martha Wright, Ben Wills Jr., Roland Chambers, Dan Higgs, C. Berry Carter II, Ellen Moyer, Anne Blackwell, Dawn Dancing Free, Ed Keller, Lyman W. Griswold, Elisabeth Kiibler-Ross, i drogi, drogi Terry Cole-Whittaker.

Gdy serce przepełnia mi wdzięczność za dary, jakie od nich otrzymałem, pragnę wymienić osobę szczególnie miłą memu sercu – Nancy Fleming Walsch, moją pomocniczkę, małżonkę, partnerkę, pełną mądrości, współczucia i miłości, która udowodniła mi, że me najszczytniejsze marzenia o tym, czym może być związek dwojga ludzi, mogą stać się prawdą.

Chciałby również wyrazić swoje uznanie ludziom, których nigdy nie spotkałem, ale którzy swoim życiem i dziełem wstrząsnęli mną do głębi jestestwa i którym nigdy nie przestaję dziękować za owe wyśmienite chwile, za wgląd w ludzką dolę i za czysty, prosty *Lifegefeelkin* (sam wymyśliłem to słowo!).

Wiecie chyba, jak to jest, gdy ktoś daje wam posmakować *prawdy o życiu,* rozkoszować się nią przez cudowną chwilę? Dla mnie rolę tę spełniają artyści, twórcy i odtwórcy, bowiem ze sztuki czerpię natchnienie, tam szukam warunków sprzyjających refleksji i tam też znajduję to, co nazywamy najpiękniejszym wyrazem Boga.

Dlatego chcę podziękować... Johnowi Denverowi, którego piosenki zapadają głęboko w mą duszę i budzą na nowo wiarę w możliwości ludzkiego życia; Richardowi Bachowi, którego utwory sięgają w sam głąb mego życia, opisując wiele doświadczeń, które stały się moim udziałem; Barbrze Streisand, której sztuka muzyczna, aktorska i reżyserska ujmuje moje serce za każdym razem, sprawiając, że prawdę *odczuwam,* a nie zaledwie *pojmuję;* oraz nieżyjącemu Robertowi Heinleinowi, który w swoich literackich wizjach postawił pytania i przedstawił odpowiedzi w sposób do dziś niedościgły.

Przedmowa

Jesteś u progu niecodziennego doświadczenia. Zaraz rozpoczniesz rozmowę z Bogiem. Tak, wiem... to niemożliwe. Tak uważasz (lub tak cię nauczono) – *to nie jest możliwe.* Można zwracać się *do* Boga, ale rozmawiać z Nim? Przecież Bóg nie odpowiada, prawda? Przynajmniej nie w formie zwykłego dialogu, jaki prowadzimy na co dzień!

Ja myślałem podobnie. I wtedy przydarzyła mi się ta książka. Dosłownie. Tej książki nie napisałem, ona mi się przydarzyła. Podobnie będzie z tobą, gdy po nią sięgniesz, *ponieważ wszystkich nas życie stawia przed prawdą, do której dojrzeliśmy.*

Byłoby mi pewnie znacznie łatwiej, gdybym zachował to wszystko dla siebie. Lecz nie taki był tego cel. I chociaż książka ta może postawić mnie w sytuacji dość niewygodnej (na przykład zostanę okrzyczany bluźniercą, oszustem, hipokrytą za to, że nie żyłem zgodnie z tymi prawdami w przeszłości, lub – co gorsza – świętym), nie jest już w mojej mocy zatrzymać bieg wydarzeń. Nie mam zresztą takiej ochoty. Miałem okazję się wycofać, ale tego nie uczyniłem. Postanowiłem zdać się na głos instynktu, odsuwając na dalszy plan przewidywaną reakcję świata na zawarty tu materiał.

Instynkt ten mówi mi, że to nie są bzdury, wytwór rozgorączkowanej wyobraźni duchowej czy wynurzenia człowieka próbującego wynagrodzić sobie chybione życie. Och, rozważałem każdą z tych możliwości – każdą. Dlatego dałem maszynopis do przeczytania kilku przyjaciołom. Wzruszyli się. Popłakali.

Ubawili zawartym w niej humorem. A ich życie, mówili, się odmieniło. To nimi wstrząsnęło, tchnęło w nich nowe siły.

Wielu opowiadało o gruntownej przemianie.

Wtedy nabrałem pewności, że ta książka przeznaczona jest dla każdego i trzeba ją wydać drukiem. Stanowi bowiem wspaniały dar dla tych, którzy prawdziwie łakną odpowiedzi i cenią pytania; którzy ze szczerym sercem, otwartym umysłem i tęsknotą w duszy poszukują prawdy. Czyli właściwie dla *każdego z nas.*

Książka ta porusza odwieczne zagadnienia życia i miłości, celu i funkcji, ludzi i związków, dobra i zła, grzechu i winy, przebaczenia i odkupienia, ścieżki do Boga i drogi do piekła... słowem, wszystko. Bez osłonek omawia seks, władzę, małżeństwo, dzieci, pracę, zdrowie, „życie po życiu" i „życie przed życiem"... *wszystko.* Zgłębia wojnę i pokój, wiedzę i ignorancję, ofiarowanie i branie, radość i smutek. Rozpatruje to, co konkretne i to, co abstrakcyjne, widzialne i niewidzialne, prawdę i nieprawdę.

Można powiedzieć, że stanowi ona „najnowsze słowo Boga", choć niektórym trudno będzie to przyjąć, zwłaszcza jeśli zakładają, że Bóg od dwóch tysięcy lat milczy, albo jeśli przemawia, to tylko do świętych, nawiedzonych, do kogoś, kto od trzydziestu lat medytuje, albo od dwudziestu lat jest dobry, albo od dziesięciu lat prowadzi dość przyzwoite życie (ja nie zaliczam się do żadnej z tych kategorii).

Prawda jest taka, że Bóg rozmawia z każdym. Dobrym i złym. Bogobojnym i nikczemnym. I z całą resztą pośrodku. Weźmy jako przykład ciebie. Bóg wkraczał w twoje życie na wiele sposobów, a ten stanowi jeden z nich. Czyż nie mówi się: nauczyciel przychodzi, gdy uczeń jest gotowy? Tym nauczycielem jest niniejsza książka.

Od samego początku byłem przekonany, że rozmawiam z Bogiem. Wprost, osobiście. Niezaprzeczalnie. A Bóg odpowiada na pytania zgodnie z moimi możliwościami pojmowania. To znaczy udziela mi odpowiedzi językiem dla mnie zrozumiałym. Tłumaczy to częste występowanie zwrotów potocznych oraz sporadycznych nawiązań do mych uprzednich doświadczeń życiowych oraz wcześniej zebranych materiałów z innych źródeł. Wiem teraz, że cokolwiek przytrafiło mi się w życiu, *pochodziło od Boga*, a obecnie zbiera się w jedną całość i składa na wspaniałą, wyczerpującą odpowiedź na *każde pytanie, jakie kiedykolwiek mnie nurtowało.*

Już w trakcie tego procesu zorientowałem się, że powstaje z tego książka, która zostanie opublikowana. Otrzymałem nawet szczegółowe pouczenie, że w sumie z rozmów tych wynikną trzy książki:

1. Pierwsza poświęcona będzie tematom osobistym, głównie występującym w życiu jednostki wyzwaniom i sposobnościom.
2. Druga zajmować się będzie zagadnieniami geopolitycznymi i metafizycznymi o wydźwięku globalnym oraz zadaniami, ktorymi musi obecnie sprostać świat.
3. Trzecia poruszać będzie uniwersalne prawdy najwyższego rzędu oraz wyzwania i sposobności, przed jakimi stoi dusza.

Niniejsza książka, pierwsza z cyklu, ukończona została w lutym 1993 roku. Gwoli jasności winienem wyjaśnić, że podczas pisania podkreśliłem pewne wyrazy i zdania, które uderzyły mnie ze szczególną siłą – jak gdyby Bóg nadawał im specjalne znaczenie – i zostały one wyróżnione inną czcionką.

Muszę wyznać, że – po zapoznaniu się z zawartą tu mądrością – jestem zażenowany życiem, jakie prowadziłem, ciągłymi błędami i potknięciami, zachowaniami, za które mi wstyd, oraz pewnymi decyzjami i wyborami, które dla innych zapewne są bolesne i niewybaczalne. Choć szczerze boleję, że odbyło się to kosztem innych, jestem wdzięczny za naukę, jaką dzięki temu wyniosłem, oraz świadomość, że jeszcze tyle mam do nauczenia się. Przepraszam wszystkich za opieszałość w zdobywaniu tej wiedzy. Ale Bóg uczy nas sobie wybaczać, nie poddawać się winie i lękowi, lecz wciąż na nowo – nieustannie – próbować wcielić w życie coraz to wspanialszą wizję.

Wiem, że tego oczekuje od nas wszystkich Bóg.

Neale Donald Walsch
Central Point, Oregon, 1994

1

Wiosną 1992 roku – mniej więcej w porze świąt wielkanocnych – zdarzyła się w moim życiu niezwykła sytuacja. Przemówił do ciebie Bóg. Przeze mnie.

Pozwól, że wyjaśnię.

Przeżywałem wówczas trudne chwile pod względem osobistym, zawodowym i uczuciowym, a moje życie wydawało mi się całkowicie przegrane. Ponieważ od lat miałem w zwyczaju spisywać swe myśli w listach (które z reguły nie trafiały do adresata), sięgnąłem po wysłużony żółty notatnik i zacząłem przelewać swe żale na papier.

Jednak tym razem, zamiast po raz kolejny kierować list do osoby, którą posądzałem o to, że się nade mną znęca, postanowiłem zwrócić się do samego źródła; prosto do naczelnego oprawcy. Napisałem list do Boga.

Był to list naładowany złością i pasją, pełen wyrzutów i zarzutów. Zawarłem w nim też całą listę gniewnych pytań.

Dlaczego moje życie jest nieudane? Czego potrzeba, aby je naprawić? Dlaczego nie znajduję szczęścia w związkach z innymi? Czy nigdy nie będzie mi dane zaznać dobrobytu? I wreszcie – najgorętsze – Czym zasłużyłem sobie na życie będące pasmem nieustannych zmagań?

Ku mojemu zdziwieniu, kiedy skreśliłem ostatnie z mych gorzkich „pytań bez odpowiedzi" i chciałem odłożyć długopis, moja ręka zawisła nad kartką papieru, jakby przytrzymywana jakąś siłą. Nagle długopis zaczął sam z siebie się poruszać. Nie miałem pojęcia, co napiszę, ale to za chwilę miało się okazać, więc poddałem się biegowi wydarzeń. Spod pióra wyszło...

Czy naprawdę chcesz wiedzieć, czy tylko dajesz upust emocjom?

Zamrugałem z wrażenia... ale zaraz odpowiedziałem. To również zapisałem.

Jedno i drugie. To jasne, że daję upust emocjom, lecz jeśli na te pytania są jakieś odpowiedzi, to piekielnie mi spieszno je usłyszeć!

„Piekielnie ci spieszno"... do wielu rzeczy. Czy nie przydałaby ci się odrobina „niebiańskiego spokoju"?

Na co odparłem: Co to niby ma znaczyć?

Zanim się spostrzegłem, nawiązał się prawdziwy dialog... ja zaś w mniejszym stopniu pisałem, niż posłusznie notowałem.

Dyktando to zajęło w sumie trzy lata, a ja wtedy nawet nie przeczuwałem, dokąd zmierzamy. Odpowiedzi na przelane na papier pytania pojawiały się dopiero wtedy, kiedy kończyłem pisanie i odganiałem własne myśli. Często padały z taką prędkością, że nie mogłem nadążyć z pisaniem i gryzmoliłem, żeby niczego nie uronić. Kiedy gubiłem trop albo ogarniało mnie uczucie, że te słowa nie przychodzą do mnie z zewnątrz, odkładałem długopis i przerywałem rozmowę, dopóki znów nie naszło mnie natchnienie (niestety, to jedyne słowo, jakie tu pasuje).

Dialog ten toczy się nadal i większa jego część trafiła na karty tej książki... książki będącej zapisem niesamowitej konwersacji, w którą z początku trudno mi było uwierzyć. Póź-

niej uznałem, że przedstawia wartość czysto osobistą, teraz zaś widzę, że nie była przeznaczona wyłącznie do mojego użytku. Przeznaczona była dla ciebie i każdego, kto zetknie się z tą książką. Gdyż moje pytania są również twoimi.

Chcę, abyś jak najszybciej podjął ten dialog, ponieważ w rzeczywistości liczy się nie moja historia, lecz twoja. To ona przywiodła cię tutaj. To do twoich doświadczeń osobistych ma odniesienie zawarty tu materiał. W przeciwnym razie nie czytałbyś go teraz, w tej chwili.

Zacznijmy więc rozmowę od pytania, które nurtowało mnie od dawna: W jaki sposób przemawia Bóg i do kogo? Oto, jaką otrzymałem odpowiedź:

Przemawiam do każdego człowieka. Nieustannie. Rzecz nie w tym, do kogo się zwracam, ale kto mnie słucha.

Zaintrygowany, poprosiłem Boga, aby rozwinął tę myśl. Oto, co rzekł:

Najpierw zastąpimy słowo **przemawiać** innym, na przykład **komunikować**. To znacznie lepsze, pełniejsze i trafniejsze określenie. Kiedy rozmawiamy ze sobą, natychmiast stajemy się więźniami słów, które niosą ze sobą niesamowite ograniczenia. Dlatego też rzadko używam słów, aby coś przekazać. Najczęściej komunikuję za pośrednictwem **uczuć**.

Uczucia są mową duszy.

Jeśli chcesz się przekonać, czym naprawdę jest dla ciebie dana rzecz, zwróć uwagę na to, jakie budzi w tobie uczucia.

Poznanie swoich uczuć czasem sprawia trudność, a jeszcze trudniej przychodzi nam je zaakceptować. Mimo to twoja najwyższa prawda ukryta jest w najgłębszych uczuciach. Chodzi o to, aby do nich dotrzeć. Pokażę ci, jak tego dokonać. Jeszcze raz. Jeśli tego chcesz.

Odparłem, że owszem, pragnę tego, ale w tej chwili bardziej zależy mi na uzyskaniu wyczerpującej odpowiedzi na pierwsze zadane przeze mnie pytanie. Bóg odpowiedział:

Komunikuję również za pomocą myśli. Choć uczucia i myśli często występują razem, różnią się od siebie. Komunikując poprzez myśli często posługuję się obrazami. Z tego względu myśl stanowi skuteczniejsze narzędzie porozumiewania się niż same słowa.

Oprócz myśli i uczuć, wykorzystuję też **doświadczenie** jako dobitny komunikat.

Jednak kiedy zawiodą uczucia, myśli i doświadczenia, pozostaje mi tylko użyć słów. Ale tak naprawdę słowa są najsłabszym środkiem przekazu, dopuszczają bowiem różne czy wręcz wypaczone interpretacje.

Dlaczego tak się dzieje? Wynika to z samej natury słów: **dźwięków,** które oznaczają uczucia, myśli i doświadczenia. To tylko symbole. Znaki. Etykietki. Nie są Prawdą. Nie są prawdziwymi rzeczami.

Słowa pomagają zrozumieć. Doświadczenie pozwala wam poznać. Ale pewnych rzeczy doświadczyć nie można. Dlatego dałem wam inne narzędzia poznania, czyli uczucia, a także myśli.

Wy zaś, jak na ironię, tak dalece zawierzyliście Słowu Bożemu, że niemal pomijacie Jego doświadczenie.

W gruncie rzeczy doświadczenie ma dla was tak niską wartość, że kiedy wasze doznanie Boga odbiega od tego, czego was o Nim nauczono, automatycznie przekreślacie doznanie i obstajecie przy słowach, podczas gdy powinno być dokładnie na odwrót.

Doświadczenie i uczucia, jakie żywicie wobec danej rzeczy, stanowią odbicie tego, co faktycznie i intuicyjnie o niej wiecie. Słowa mogą jedynie starać się przedstawić symbolicznie waszą wiedzę i często wprowadzają do niej zamęt.

Takimi zatem posługuję się narzędziami, lecz nie wszystkie uczucia, nie wszystkie myśli, nie wszystkie doświadczenia i nie wszystkie słowa pochodzą ode Mnie.

Wiele wypowiadano słów w Moim imieniu. Za wieloma myślami i uczuciami kryją się przyczyny nie będące Moim bezpośrednim dziełem. A dają one początek mnogim doświadczeniom.

Stajecie przed wyzwaniem, jakim jest odróżnienie Boskich przekazów od danych płynących z innych źródeł. Rozpoznanie ułatwi następująca prosta reguła:

Ode Mnie pochodzi twa Najwyższa Myśl, twe Najtrafniejsze Słowo, twe Najwznioślejsze Uczucie. Reszta pochodzi z innego źródła.

Rozróżnienie przestaje być trudne, gdyż nawet początkujący adept bez kłopotu może określić, co stanowi Najwyższe, Najtrafniejsze, Najwznioślejsze.

Udzielę ci następujących wskazówek:

Myśl Najwyższa to zawsze ta myśl, która niesie radość. Najtrafniejsze Słowa to te, które głoszą prawdę. Najwznioślejsze Uczucie to uczucie zwane przez ciebie miłością.

Radość, prawda, miłość.

Te trzy wartości są w istocie zamienne, jedna zawsze prowadzi do drugiej. Nie ma znaczenia, w jakiej kolejności je umieścimy.

Po określeniu, kierując się powyższymi wskazówkami, które komunikaty pochodzą ode Mnie, a które są skądinąd, pozostaje jeszcze pytanie, czy odniosą właściwy skutek.

Większość Moich przekazów mija się z celem. Niektóre dlatego, że wydają się zbyt piękne, aby były prawdziwe. Inne dlatego, że zbyt trudno się do nich zastosować. Wiele zostaje opacznie zrozumianych. Reszta, a tych jest najwięcej, nawet nie zostaje odebrana.

Mym najpotężniejszym przesłaniem jest doświadczenie, a nawet ono jest ignorowane. Szczególnie **ono** jest ignorowane.

Świat nie znalazłby się w obecnym położeniu, gdybyście po prostu wsłuchali się w to, co mówi doświadczenie. Ignorowanie doświadczenia prowadzi do tego, że stale się ono powtarza, wciąż od nowa. Gdyż nie można udaremnić Mego zamierzenia ani lekceważyć Mojej woli. Moje przesłanie dotrze do ciebie. Prędzej czy później.

Jednak nie będę ci niczego narzucał. Nie zmuszę cię do niczego. Nie po to obdarzyłem ciebie wolną wolą – dałem ci możliwość wyboru – aby ci to kiedykolwiek odebrać.

Będę więc dalej wysyłać te same przekazy, choćby całe tysiąclecia, do każdego zakątka wszechświata, w którym się znajdziesz. Zasypywać cię będę nieustannie Moimi przesłaniami, aż w końcu je przyjmiesz i uznasz za swoje.

Przyjdą do ciebie w stu różnych postaciach, w tysiącu chwil, w ciągu miliona lat. Nie możesz ich przeoczyć, jeśli naprawdę słuchasz. Nie możesz ich zbyć, kiedy raz naprawdę ich wysłuchasz. W ten sposób nawiąże się na dobre porozumienie miedzy nami. W przeszłości bowiem tylko mówiłeś **do** Mnie, modliłeś się, błagałeś, nalegałeś.

A teraz będę mógł Ja przemówić do ciebie, jak to czynię tutaj.

Skąd jednak mogę wiedzieć, że te słowa pochodzą od Boga? Może to tylko moja wybujała wyobraźnia?

A jaka to różnica? Czy nie pojmujesz, że równie dobrze mógłbym posłużyć się twą wyobraźnią? Tym czy innym sposobem ześlę na ciebie właściwe myśli, słowa czy uczucia, w dowolnej chwili, odpowiednio dobrane do postawionego celu.

Poznasz, że to Moje słowa, gdyż sam z siebie nigdy z taką jasnością się nie wyrażałeś. Gdybyś potrafił z taką jasnością odpowiedzieć na te pytania, to wcale byś ich nie zadawał.

Z kim komunikuje się Bóg? Czy są jacyś szczególni ludzie? Szczególne czasy?

Wszyscy ludzie są szczególni, każda chwila jest wyjątkowa. Żaden człowiek i żaden czas nie jest wywyższony. Wielu pragnie wierzyć, że Bóg porozumiewa się w specjalny sposób i tylko z wybranymi. Zwalnia to ogół ludzi z odpowiedzialności wysłuchania Mojego przesłania, a nawet odebrania go; sprawia, że wierzymy na słowo, na cudze słowo. Nie musisz się we Mnie wsłuchiwać, gdyż uznałeś, że inni już wysłuchali, co mam do powiedzenia na każdy temat, więc teraz masz ich do słuchania.

Zdając się na to, co **inni** mają do powiedzenia o Mnie, nie potrzebujesz w ogóle myśleć.

To głównie z tego powodu tylu ludzi nie dopuszcza do siebie Moich przekazów. Akceptując to, że Moje przekazy docierają **bezpośrednio** do ciebie, stajesz się odpowiedzialny za ich zrozumienie. O wiele wygodniej jest uznać interpretacje innych (choćby nawet żyli dwa tysiące lat temu), niż samemu starać się odczytać wiadomość, którą mogę ci przekazywać nawet w tej chwili.

Niemniej zapraszam cię do skorzystania z nowego sposobu komunikacji z Bogiem. Komunikacji obustronnej. Prawda jest jednak taka, że to ty zaprosiłeś Mnie. Ja przybyłem w tej postaci, w tej chwili, **w odpowiedzi na twoje wołanie.**

Dlaczego niektóre jednostki, Chrystus na przykład, odbierają więcej Twoich przekazów niż pozostali?

Ponieważ niektórzy ludzie są gotowi naprawdę słuchać. Szczerze słuchają i pozostają otwarci nawet na to, co wydaje się straszne, zwariowane czy błędne.

Mamy słuchać Boga nawet kiedy to, co mówi, wydaje się błędne?

Szczególnie wtedy. Jeśli myślisz, że masz we wszystkim słuszność, to po co komu Bóg?

Dalej, ruszaj w świat i działaj, opierając się na całej swojej wiedzy. Ale weź pod uwagę, że wszyscy tak postępujecie od niepamiętnych czasów. I zobacz, do czego doprowadziliście ten świat. Niewątpliwie coś przeoczyliście. Rzecz jasna, jest coś, czego nie rozumiecie. To, co rozumiecie, siłą rzeczy wydaje się wam „słuszne", ponieważ tym słowem określacie coś, z czym się zgadzacie. To, co wam umknęło, musi więc z początku wydać się wam „błędne".

Jedyna droga naprzód zaczyna się od postawienia sobie pytania: „Co by się stało, gdyby wszystko, co uważałem za 'błędne', w rzeczywistości było 'słuszne'?" Te sytuacje zna każdy wybitny naukowiec. Kiedy coś nie wychodzi, uczony odrzuca dotychczasowe założenia i zaczyna od nowa. Wielkie odkrycia dokonywane są przez gotowość, umiejętność uznania, że się błądzi. Tego właśnie potrzeba tutaj.

Nie możesz poznać Boga, póki nie przestaniesz sobie wmawiać, że już go znasz. Nie możesz usłyszeć Boga, póki tkwisz w przekonaniu, że już go usłyszałeś.

Nie mogę przekazać ci Mojej Prawdy, dopóki nie przestaniesz zasypywać Mnie swoją.

Ale moja prawda o Bogu pochodzi przecież od Ciebie.

Kto tak twierdzi?

Inni.

Jacy inni?

Przywódcy. Duszpasterze. Rabini. Księża. Książki. Biblia, na miłość Boską!

To nie są wiarygodne źródła.

Nie są?

Nie.

To w takim razie, co jest wiarygodnym źródłem?

Słuchaj swoich **uczuć**, swych Najwyższych Myśli. Wsłuchaj się w to, co mówi ci doświadczenie. Ilekroć odbiegać będą od tego, co głoszą twoi nauczyciele, książki, zapomnij o ich słowach. **Słowa są najbardziej zawodnym posłańcem Prawdy.**

Tyle chciałbym Ci powiedzieć, o tyle rzeczy zapytać, że nie wiem, od czego zacząć.

Na przykład, dlaczego nie objawiasz się ludziom? Jeśli Bóg rzeczywiście istnieje i Ty Nim jesteś, dlaczego nie objawisz się tak, abyśmy wszyscy mogli zrozumieć?

Czyniłem to wiele razy. I w tej chwili objawiam się też.

Nie, mnie chodzi o objawienie się w sposób niepodważalny, taki, któremu nie można zaprzeczyć.

Czyli jaki?

Ukazując mi się tu i teraz.

Właśnie to robię.

Gdzie?

Gdziekolwiek spojrzysz.

Nie, mam na myśli niepodważalny sposób, tak, aby nikt nie mógł temu zaprzeczyć.

Jak to miałoby wyglądać? W jakiej postaci czy formie twoim zdaniem powinienem się ukazać.

W swej prawdziwej.

To jest niemożliwe, ponieważ nie mam zrozumiałej dla was formy. Mógłbym przybrać postać dla was pojmowalną, ale wówczas każdy uznałby, że miał do czynienia z jedyną prawdziwą postacią Boga, a nie po prostu z jedną z wielu możliwych.

Ludzie skłonni są raczej wierzyć, że jestem taki, jakim Mnie postrzegają, aniżeli takim, jakiego Mnie nie znają. Ale Jam jest Byt Niewidzialny, nie należy utożsamiać Mnie z tym, jakim mogę się objawiać w danej chwili. W pewnym sensie **Jam Jest, Który Nie Jest**. To właśnie z tego niebytu wyłaniam się i do niego powracam.

Mimo to kiedy ukazuję się w tej czy innej formie – dla ludzi zrozumiałej – przypisuje mi się tę postać po wsze czasy.

A gdybym przybył do innych, pod zmienioną postacią, ci pierwsi powiedzieliby, że wcale się tym drugim nie ukazałem, ponieważ wyglądałem inaczej niż za pierwszym razem i co innego mówiłem – więc to nie mogłem być Ja.

Widzisz więc, że nie ma znaczenia, w jaki sposób, czy w jakiej postaci się objawiam – nigdy objawienia te nie będą niepodważalne, bez względu na to, jaki sposób wybiorę i jaką postać przyjmę.

Lecz gdybyś zrobił coś, co ponad wszelką wątpliwość zaświadczyłoby, kim naprawdę jesteś...

Znaleźliby się tacy, którzy powiedzieliby, że to diabelska sprawka, albo po prostu czyjś wymysł. Każda przyczyna byłaby dobra, byle tylko nie Ja.

Gdybym objawił się jako Wszechmogący Bóg, Król Nieba i Ziemi, i na dowód tego przeniósłbym góry, powiedzianoby: „To dzieło Szatana".

I tak powinno być. Albowiem Boskość nie jest dostępna oglądowi z zewnątrz, Bóg objawia się tylko na polu doświadczenia wewnętrznego. Jeśli wewnętrzne doświadczenie odsłoniło Boga, zewnętrzny ogląd staje się zbyteczny. Jeśli zaś konieczny jest ogląd z zewnątrz, niemożliwe staje się doświadczenie wewnętrzne.

Toteż prośba o objawienie tym samym je wyklucza, albowiem akt ten jest zarazem stwierdzeniem, że objawienia nie ma; że Bóg nie ukazuje nam w tej chwili żadnego swojego aspektu. Tego rodzaju stwierdzenie pociąga za sobą odpowiednie doświadczenie. Myśl bowiem, podobnie jak słowo, jest twórcza, a współdziałając ze sobą myśl i słowo skutecznie powołują do istnienia twoją rzeczywistość. Doświadczysz zatem braku objawienia, gdyż gdyby Bóg się objawiał, nie prosiłbyś Boga o to.

Czy to znaczy, że nie mogę prosić o coś, czego pragnę? Czy chcesz powiedzieć, że modlitwa o coś w gruncie rzeczy to od nas odsuwa?

Pytanie to ponawiano przez wieki – i za każdym razem otrzymywano odpowiedź. Mimo to wyście jej nie słyszeli, a jeśli nawet, nie dalibyście jej wiary.

Posługując się współczesnym językiem, współczesnymi kategoriami, można odpowiedzieć na to pytanie następująco:

Nie otrzymasz tego, o co prosisz, i nie możesz mieć tego, czego pragniesz. A to dlatego, że twoja prośba jest stwierdzeniem braku. Mówiąc, że czegoś chcesz, przyczyniasz się do zaistnienia w twojej rzeczywistości dokładnie tego doświadczenia – chcenia.

Modlitwą prawidłową jest więc nie modlitwa błagalna, lecz dziękczynna.

Gdy dziękujesz Bogu zawczasu za to, czego z własnego wyboru pragniesz zaznać w swym doświadczeniu, przyznajesz, że w istocie ono już jest. Dziękczynienie kryje w sobie ogromną moc; stanowi potwierdzenie, że zanim zdążyłeś spytać, otrzymałeś ode mnie odpowiedź.

Toteż nie proś. Bądź wdzięczny.

Ale jeśli z góry podziękuję za coś Bogu, a to się nie spełni? Może to wywołać rozczarowanie, gorycz.

Wdzięczności nie wolno stosować jako narzędzia **do manipulowania Bogiem**. Nie można wywieść w pole siebie samego. Umysł zna twe prawdziwe myśli. Jeśli mówisz, „Dziękuje Ci, Boże, za to i za to", zachowując pełną świadomość, że w twej obecnej rzeczywistości tej rzeczy nie ma, to nie posądzasz chyba Boga o to, że będzie tego nieświadomy i dla ciebie ją ześle.

Bóg wie to, co ty wiesz, a to, co wiesz, stanowi twoją rzeczywistość, a przynajmniej to, co się wydaje nią być.

Jak więc mogę być wdzięczny za coś, czego, jak wiem, w moim życiu nie ma?

To kwestia wiary. Choćbyś nawet miał wiarę wielkości ziarna gorczycy, góry przeniesiesz. Wiesz, że to jest, ponieważ **Ja rzekłem**, że jest; ponieważ ja odpowiedziałem ci, zanim Mnie zapytałeś; ponieważ na wszelkie możliwe sposoby, ustami każdego nauczyciela, jakiego wymienisz, mówiłem i mówię ci, że cokolwiek wybierzesz, wybierając w Imię Boże, tak też się stanie.

Ale tylu ludzi skarży się, że ich modlitwy nie zostały wysłuchane.

Żadna modlitwa – a czym jest modlitwa, jeśli nie żarliwym stwierdzeniem stanu rzeczy – nie pozostaje bez odpowiedzi. Każda modlitwa, tak jak myśl, uczucie, stwierdzenie, ma charakter twórczy. W zależności od tego, z jaką żarliwością uznajemy ją za prawdę, w takim stopniu ucieleśni się ona w twoim doświadczeniu.

Kiedy ktoś mówi, że jego modlitwa nie została wysłuchana, to w rzeczywistości zadziałała najbardziej żarliwa myśl, słowo czy uczucie. Musisz bowiem wiedzieć – i w tym cała tajemnica – że decyduje myśl ukryta pod inną myślą; to ona jest główną sprężyną.

Jeśli więc modlisz się i błagasz, szansę na doświadczenie tego, co dla siebie wybrałeś, są nikłe, gdyż główną sprężyną każdej prośby jest myśl, **że nie masz tego, czego pragniesz.** Ta ukryta myśl staje się twoją rzeczywistością.

Przezwyciężyć te myśl może wyłącznie myśl mocno osadzona w wierze, że o cokolwiek prosicie, Bóg niezawodnie ześle. Tylko niewielu ludzi posiada taką wiarę.

Modlitwa staje się łatwiejsza, kiedy wiarę, iż Bóg spełni każdą naszą prośbę, zastąpi intuicyjne zrozumienie, **że proszenie o cokolwiek nie jest konieczne**. Wówczas modlitwa samoistnie przemieni się w dziękczynienie. Zamiast prośbą, jest wyrazem wdzięczności za to, co jest.

Mówiąc, że modlitwa jest stwierdzeniem istniejącego stanu rzeczy, sugerujesz, że Bóg nie robi nic; że to, cokolwiek nastąpi potem, wynika z samego aktu modlitwy?

Jeśli wyobrażasz sobie Boga jako wszechmogącą istotę, która słucha wszystkich modlitw, jedne przyjmuje, inne odrzuca, a jeszcze inne odkłada na bardziej sprzyjający czas, jesteś w błędzie. Jakimi zasadami by się przy tym kierował?

Jeśli sądzisz, że to Bóg jest **twórcą i sprawcą wszystkiego**, co się w twoim życiu dzieje, grubo się mylisz.

Bóg nie tworzy, lecz się **przygląda** twojemu życiu. Chętnie ci pomoże, ale nie w sposób zgodny z twoimi oczekiwaniami.

Nie jest zadaniem Boga wpływać na warunki czy okoliczności twojego życia. Bóg stworzył ciebie na **obraz i podobieństwo Boga.** Ty dokonałeś reszty, za sprawą mocy, jaką nadał ci Bóg. Bóg puścił w ruch proces życia, lecz **wyposażył cię w wolną wolę,** abyś mógł postępować w życiu, jak uznasz za stosowne.

Pod tym względem **twoja wola jest dla ciebie wolą Boga.**

Robisz ze swoim życiem to, co ci się podoba, **a ja to akceptuję.**

Oto pierwsze wielkie złudzenie, w jakie popadliście: że Boga **obchodzą** wasze poczynania.

Mnie jest wszystko jedno, co robicie, i trudno wam się z tym pogodzić. Ale czy ty przejmujesz się tym, co robią twoje dzieci, kiedy wysyłasz je, aby się pobawiły? Czy to ma znaczenie, czy bawią się w berka czy chowanego? Nie, ponieważ wiesz, że nic im nie grozi. Umieściłeś je w otoczeniu, które uznałeś za przyjazne i bezpieczne.

Oczywiście, zawsze będziesz miał nadzieję, że nie zrobią sobie krzywdy. A jeśli spotka je coś złego, zadbasz o ich uleczenie, zapewnisz im na powrót poczucie bezpieczeństwa, postarasz się, aby były szczęśliwe, i pozwolisz im znowu wyjść się pobawić. Ale będzie dla ciebie bez różnicy, jaką wybiorą zabawę.

Powiesz im jednak, jakie zabawy są niebezpieczne. Ale nie możesz ich od tego powstrzymać. Na zawsze. Przez całe życie aż do śmierci. To nie w twojej mocy; wie o tym każdy mądry rodzic. Mimo to obchodzi go wynik końcowy. I na tym polega dychotomia – niedbanie o sam proces, a głębokie przejmowanie się rezultatem – która charakteryzuje postawę Boga.

Lecz Bóg w pewnym sensie nie przejmuje się nawet **ostatecznym rezultatem,** gdyż jest on już przesądzony.

Oto kolejne wielkie złudzenie człowieka: że końcowy wynik życia jest niepewny.

To zwątpienie w ostateczny rezultat zrodziło strach, twego najgorszego wroga. Jeśli wątpisz bowiem w ostateczny wynik, podajesz tym samym w wątpliwość samego Stwórcę. A jeśli wątpisz w Boga, skazany jesteś na życie w ciągłym strachu.

Jeśli podajesz w wątpliwość zamierzenia Boga – i zdolność Boga do ich spełnienia – to jak możesz choć na chwilę się odprężyć. Jak możesz znaleźć prawdziwy spokój?

Ale Bóg posiada moc urzeczywistniania swych zamiarów. Jednak ty nie chcesz bądź nie możesz w to uwierzyć (mimo że twierdzisz, iż Bóg jest wszechpotężny), dlatego powołałeś do życia w swojej wyobraźni **moc równą Boskiej,** aby przeciwstawiła się woli Boga. Stworzyłeś mit „diabła" i wymyśliłeś nawet, że Bóg prowadzi z nim wojnę (w przekonaniu, że Bóg rozwiązuje problemy na twój sposób). Wreszcie posunąłeś się nawet do przypuszczenia, że Bóg może **przegrać.**

Wszystko to jawnie zaprzecza temu, co, jak twierdzisz, wiesz o Bogu, ale to nic nie szkodzi. Żyjesz swym złudzeniem i podsycasz swój strach, a wszystko to bierze się od zwątpienia w Boga.

A gdybyś podjął nowe postanowienie? Jaki byłby wynik?

Powiem ci: żyłbyś na podobieństwo Buddy. Jezusa. Każdego ze swych ukochanych świętych.

Ale nikt by ciebie nie zrozumiał, tak jak większości tych świętych. Ty próbowałbyś wytłumaczyć im, na czym polegają odczuwane przez ciebie spokój ducha, radość, wewnętrzne uniesienie, a oni słuchaliby, ale w gruncie rzeczy nic by nie usłyszeli. Staraliby się odtworzyć twoje słowa i dodaliby sporo od siebie.

Dziwiliby się, jak osiągnąłeś to, czego oni sami nie potrafią. I tak zrodziłaby się w nich zazdrość. Zawiść przerodziłaby się w złość, a w swym gniewie usiłowaliby ci wmówić, że to ty nie rozumiesz Boga.

Staraliby się odebrać ci radość, a gdyby to się nie powiodło, w swej zajadłości nastawaliby na ciebie otwarcie. A gdybyś powiedział im, że to nie ma znaczenia, że nawet śmierć nie zakłóci twej radości ani nie zmąci twojej prawdy, z pewnością by ciebie **zabili.** Wtedy jednak, widząc, z jakim spokojem przyjmujesz śmierć, obwołaliby ciebie świętym i znów pokochali.

Leży bowiem w naturze ludzi, że kochają, niszczą i na nowo kochają to, co cenią najwyżej.

Dlaczego? Dlaczego tak jest?

Wszystkie ludzkie postępki w gruncie rzeczy wynikają ze strachu lub z miłości. Tak naprawdę istnieją tylko te dwa uczucia – dwa słowa w mowie duszy. Stanowią one przeciwne bieguny całego Mego stworzenia, a także świata, w jakim żyjesz.

Rozpiętość między tymi dwoma punktami, Alfa i Omega, pozwala zaistnieć systemowi zwanemu przez ciebie rzeczywistością względną. Bez nich, bez tych dwóch idei, niemożliwa jest żadna inna idea.

Każda ludzka myśl, każde działanie, zakorzenione są albo w strachu, albo w miłości. Nie ma innej motywacji, a wszelkie inne pojęcia to tylko pochodne tych dwóch biegunowo różnych idei. To po prostu różne wersje, różne ujęcia tego samego tematu.

Zastanów się nad tym głębiej, a przekonasz się, że to prawda. To właśnie nazywam główną sprężyną – myśl płynącą albo z miłości, albo ze strachu. To myśl ukryta za myślą ukrytą za inną myślą. To pierwotna myśl. Pierwotna siła. Energia napędowa motoru ludzkiego doświadczenia.

Stąd właśnie bierze się powielanie doświadczeń; to dlatego ludzie wpierw kochają, później niszczą i znów kochają: zawsze następuje zwrot od jednego uczucia do drugiego. Miłość ustępuje lękowi, który ustępuje miłości, i tak w kółko...

... A przyczyną jest przede wszystkim fałszywe przekonanie – uznawane za prawdę o Bogu – że Bogu nie można ufać; że na miłości Boga nie można polegać; że Jego życzliwość obwarowana jest warunkami; że w związku z tym ostateczny rezultat jest niepewny. Jeśli bowiem nie możesz polegać na miłości Boga, to na czyją miłość możesz liczyć? Jeśli Bóg wycofuje się, odsuwa od ciebie, kiedy nie postępujesz odpowiednio, czyż nie uczyni tego zwykły śmiertelnik?

... Toteż nic dziwnego, że w chwili kiedy ślubujesz najszczytniejszą miłość, wydajesz siebie na pastwę najbardziej podstępnego strachu.

Wszak zaraz kiedy wypowiesz słowa miłości, zaczynasz się bać, czy zostaną odwzajemnione. A gdy zostaną odwzajemnione, zaczynasz się bać, że utracisz miłość, którą właśnie znalazłeś. Więc będziesz starał się temu zapobiec – uchronić się przed stratą – **tak jak starasz się zapobiec utracie Boga.**

Lecz gdybyś wiedział, Kim W Istocie Jesteś – najdoskonalszym, najwspanialszym, najbardziej godnym podziwu tworem Boga – strach nie miałby do ciebie dostępu. Albowiem któż odrzuciłby coś tak znakomitego? Nawet Bóg nie mógłby nic zarzucić takiej istocie.

Ale skoro nie wiesz, Kim Jesteś W Istocie, uważasz się za coś znacznie gorszego. A skąd bierze się to przeświadczenie o własnej niedoskonałości? Od jedynych osób w świecie, którym we wszystkim wierzymy – **od rodziców. Od matki i ojca.**

Ich bowiem kochacie najbardziej. Dlaczego mieliby was okłamywać? A przecież powtarzali wam, że za dużo w was tego, a za mało czego innego. Przypominali, że dzieci i ryby głosu nie mają. Czasem nawet gasili kipiącą w was radość życia i namawiali do wyrzeczenia się wybujałych marzeń.

Takie odebraliście komunikaty i choć nie pochodziły od Boga, gdyż nie spełniają naszych kryteriów, miały nie mniejszą od Boskiej siłę oddziaływania, ponieważ stali za nimi bogowie twego ówczesnego świata.

To rodzice wpoili wam, że miłość jest uwarunkowana – wiele razy dali wam odczuć swoje warunki – i taką właśnie postawę wnosicie we własne związki uczuciowe.

Taką właśnie postawę zanosicie do Mnie.

Na tej podstawie wyciągacie wnioski o Mnie. W ramach niej głosicie swoją prawdę. „Bóg jest miłującym Bogiem – powiadacie – ale jeśli złamiesz Jego przykazania, On ciebie na zawsze odtrąci i skaże na wieczne potępienie."

Albowiem czyż nie doznałeś odtrącenia przez swych rodziców? Czy obcy jest ci ból ich potępienia? Dlaczego więc ze Mną miałoby być inaczej?

Zapomniałeś, co znaczy być kochanym bez żadnych warunków. Nie pamiętasz Bożej miłości. Zatem tworzysz sobie jej obraz, opierając się na tym, jaką miłość widzisz w świecie.

Przypisałeś Bogu cechy „rodzica". I w ten sposób otrzymałeś Boga, który osądza, nagradza lub karze, zależnie od swego uznania. To uproszczone widzenie Boga, zakorzenione w waszej mitologii. Nie ma nic wspólnego z tym, Kim Jestem.

Stworzywszy na temat Boga cały system myślowy oparty raczej na ludzkim doświadczeniu niż na duchowych prawdach, powołujesz do istnienia rzeczywistość osnutą wokół pojęcia miłości. To rzeczywistość oparta na leku, zakorzeniona w idei groźnego, mściwego Boga. Jej główna sprężyna jest fałszywa, ale zaprzeczyć jej znaczyłoby obalić całą waszą teologię. I choć nowa teologia, która wyparłaby starą, przyniosłaby wam prawdziwe wybawienie, przyjąć jej nie możecie, ponieważ obraz Boga, którego nie należy się bać, który nie osądza, który nie posuwa się do kary, jest tak cudowny, że po prostu wprost przerasta wasze najśmielsze wyobrażenie tego, Kim jest i Jaki jest Bóg.

Rzeczywistość miłości opartej na lęku wpływa na twoje doświadczenie miłości; stwarza je w gruncie rzeczy. Nie tylko bowiem spostrzegasz, że **otrzymujesz** miłość warunkowo, ale także sam **udzielasz** jej z pewnymi zastrzeżeniami. Podczas gdy zwlekasz, odsuwasz się i ustalasz warunki, coś mówi ci, że nie na tym właściwie polega miłość. Mimo to wydaje ci się, że nie jest w twojej mocy zmienić cokolwiek w wymianie uczuć. Mówisz sobie: dostałem już nauczkę i prędzej mnie piekło pochłonie, niż się znów odsłonię. Prawdą jest jednak, że piekło pochłonie ciebie, jeśli tego nie uczynisz.

Za sprawą własnych (błędnych) wyobrażeń o miłości skażesz się na piekło, którym jest niezaznanie nigdy czystej miłości. Podobnie skażesz się na piekło, którym jest niepoznanie nigdy Mnie w Mej Prawdziwej Istocie. Aż w końcu Mnie poznasz. Nie zdołasz bowiem uciec ode Mnie na zawsze i nadejdzie chwila naszego Pojednania.

Każde ludzkie działanie wypływa z miłości albo strachu, nie tylko w ramach związków osobowych. Decyzje kształtujące gospodarkę, politykę, religię, edukację, cele społeczne i ekonomiczne, wybory dotyczące wojny, pokoju, napaści, obrony, agresji, uległości; dzielenia czy jednoczenia, gromadzenia czy rozdawania – każdy wybór, jakiego dokonujesz, podyktowany jest jedną z dwóch możliwych myśli: lęku lub miłości.

Strach to energia, która kurczy, zamyka, wciąga, ucieka, chowa, gromadzi, szkodzi.

Miłość to energia, która rozciąga, otwiera, wysyła, zostaje, odsłania, ofiarowuje, goi.

Strach nas okrywa, miłość ukazuje nagą prawdę o nas. Strach trzyma się kurczowo stanu posiadania, miłość rozdaje. Strach więzi, miłość uwalnia. Strach rujnuje, miłość buduje. Strach jątrzy, miłość koi.

Każdy uczynek, słowo czy myśl, zakorzeniony jest w jednym z tych dwóch uczuć. Co do tego nie masz wyboru, ponieważ nic więcej do wybrania nie ma. Ale masz za to zupełnie nieskrępowany wybór jednego lub drugiego.

Brzmi to całkiem prosto, ale w chwili podejmowania decyzji częściej zwycięża lęk. Dlaczego tak się dzieje?

Nauczono cię żyć w strachu. Mówiono ci, że przeżywają tylko jednostki najlepiej przystosowane, że zwyciężają najsilniejsi, że sukces odnoszą najsprytniejsi. Pominięto zaś zupełnie chwałę najbardziej miłujących. Dlatego starasz się spełnić te wszystkie wymagania – w taki czy inny sposób – a kiedy zauważasz, że nie dorównujesz tym wzorcom, obawiasz się przegranej, powiedziano ci bowiem, że ten, kto nie dosięga poprzeczki, jest na straconej pozycji.

I oczywiście wybierasz działanie, za którym kryje się strach, gdyż tak cię nauczono. Ja jednak przekażę ci następującą naukę: jeśli wybierzesz działanie z miłości, osiągniesz coś więcej niż przetrwanie, zwycięstwo czy sukces. Wówczas doświadczysz w całej chwale, Kim W Istocie Jesteś i kim możesz być.

Aby do tego doszło, musisz wpierw odrzucić nauki twych światowych nauczycieli, którzy choć mają dobre intencje, błądzą, **i zwrócić się do tych, których mądrość płynie z innego źródła.**

Wielu jest takich nauczycieli pośród was, jak zawsze zresztą, albowiem nigdy nie dopuszczę do tego, aby zabrakło tych, którzy was poprowadzą, nauczą, którzy wam ukażą i przypomną owe prawdy. Jednak najważniejszy jest wasz głos wewnętrzny. Do niego bowiem skieruję się najpierw, gdyż jest najbardziej dostępny.

Głos wewnętrzny to najbardziej gromki głos, jakim przemawiam, jest bowiem wam najbliższy. On mówi wam, czy coś jest prawdziwe, słuszne czy dobre, zgodnie z ustalonymi przez was definicjami. Niczym radar wytycza kurs i steruje okrętem, jest pilotem wycieczki, o ile mu na to pozwolisz.

Ten sam głos w tej chwili mówi ci, czy słowa, które do ciebie docierają, są słowami miłości czy strachu. W ten sposób możesz określić, czy warto je przyjąć.

Powiedziałeś, że jeśli zawsze będę wybierał działanie z miłości, to wtedy doświadczę w pełni chwały, kim jestem i kim mogę być. Czy mógłbyś to rozwinąć?

Istnieje tylko jeden cel wszelkiego życia, a jest nim to, abyś ty i wszystko, co żyje, mogli doznać najwyższej chwały.

Cała reszta podporządkowana jest temu zadaniu. Twoja dusza niczego innego nie pragnie i nie ma dla niej nic innego do osiągnięcia.

Urok tego polega na tym, że ten cel jest nieskończony. Koniec to ograniczenie, a Boski cel nie ma granic. Jeśli nadejdzie chwila, w której doświadczysz pełni swej chwały, natychmiast wyobrazisz sobie jeszcze większą chwałę. W swym stawaniu się dusza jest wprost nienasycona.

Życie to nie proces odkrywania, lecz tworzenia, i w tym tkwi najgłębszy jego sekret.

Ty nie odkrywasz siebie, lecz siebie tworzysz na nowo. Trzeba więc, abyś dążył nie do ustalenia, Kim Jesteś, lecz Kim Pragniesz Być.

Są tacy, którzy twierdzą, że życie jest jak szkoła, że mamy wynieść z niego określone nauki, a kiedy „zdamy egzamin", możemy przejść do wyższych zadań, wolni od okowów ciała. Czy to prawda?

To kolejny element waszej mitologii, wywodzący się z ludzkiego doświadczenia.

Czyli życie nie jest szkołą?

Nie.

Nie jesteśmy tu po to, aby wynieść nauki?

Nie.

To w takim razie po co?

Aby sobie przypomnieć, na nowo, stworzyć, swą Prawdziwą Istotę.

Powtarzałem to już, ale ty Mi nie wierzysz. Lecz tak właśnie powinno być. Zaprawdę bowiem, jeśli nie stworzysz siebie w swej Prawdziwej Istocie, nie możesz w Istocie zaistnieć.

Chyba nie nadążam. Powróćmy do kwestii szkoły. Słyszałem nie raz, jak różni nauczyciele twierdzili, że życie jest jak szkoła. Teraz Ty temu zaprzeczasz; to prawdziwy wstrząs dla mnie.

Do szkoły idziesz, jeśli chcesz poznać coś nowego. Nie idziesz tam, jeśli już to znasz i po prostu chcesz doświadczyć tego, co wiesz.

Życie (jak je zwiecie) to szansa **poznania doświadczalnego** tego, co już znacie od strony **koncepcyjnej.** Nie ma przy tym potrzeby uczenia się czegokolwiek. Trzeba tylko przypomnieć sobie to, co już się wie, i **działać w oparciu o tę wiedzę.**

Nie bardzo rozumiem.

Zacznijmy od tego, że dusza – twoja dusza – wie wszystko przez cały czas. Nic nie jest przed nią ukryte, nic nie jest dla niej nieznane. Ale sama wiedza to za mało. Dusza pragnie **doświadczenia.**

Możesz wiedzieć, że jesteś szczodry, ale dopóki tej szczodrości nie okażesz, pozostaje ci samo pojęcie. Możesz wiedzieć, że jesteś życzliwy, ale dopóki nie okażesz życzliwości, masz tylko ideę.

Jedynym dążeniem twojej duszy jest obrócić najwyższe **mniemanie** o sobie w swe najwspanialsze doświadczenie. Póki koncepcja nie przerodzi się w doświadczenie, pozostają wyłącznie domysły. Ja snułem o sobie domysły bardzo długo. Dłużej niż razem ty i Ja możemy sięgnąć pamięcią. Dłużej niż wiek tego wszechświata pomnożony przez wiek wszechświata. Widzisz więc, jak świeże – jak **nowe –** jest Moje doświadczanie siebie.

Znów nie łapię. Twoje doświadczanie siebie?

Dokładnie tak. Wyjaśnię ci to w następujący sposób:

Na początku to, co Jest, było wszystkim i poza nim

nie było nic. Lecz Wszystko, Co Jest, nie mogło siebie poznać – ponieważ istniało tylko Wszystko, Co Jest, i nie było **nic innego.** Toteż Wszystkiego, Co Jest... nie było. Gdyż z braku Innego, Wszystko, Co Jest, przestaje być.

Na tym polega wielka tajemnica Boskiego Bytu / Nie-Bytu, o której wspominają mistycy od zarania dziejów.

Wszystko, Co Jest, wiedziało, że jest wszystkim, co istnieje – ale to było za mało, gdyż mogło znać swą świetność tylko **koncepcyjnie, a nie doświadczalnie.** Pragnęło więc doświadczyć siebie, albowiem chciało poznać poczucie własnej świetności. Lecz to nadal było niemożliwe, ponieważ samo pojecie „świetności" jest względne. Wszystko, Co Jest, nie mogło poznać poczucia własnej świetności, dopóki nie pojawiło się **coś, co nie jest**. Jeśli brakuje **tego, co nie jest**, to, co Jest, przestaje być.

Rozumiesz?

Tak mi się wydaje. Mów dalej.

Dobrze.

Wszystko, Co Jest, wiedziało, że nie ma **nic innego.** Nie mogło więc poznać siebie w odniesieniu do czegoś innego. Istniał bowiem tylko jeden punkt odniesienia, samotny punkt w środku.„ Jest-Nie Jest". „Jestem, Który Nie Jest".

Mimo to Wszech-Jedność postanowiła poznać siebie doświadczalnie.

Ta energia – czysta, niewidzialna, niesłyszalna, niepoznawalna-dla-niczego-innego – postanowiła doświadczyć siebie w całej świetności, jaka była. Jednak zdała sobie sprawę, że aby tego dokonać, musi posłużyć się innym punktem odniesienia **w sobie.**

Rozumowała, całkiem poprawnie, że każda Jej cząstka siłą rzeczy **nie będzie dorównywać całości** i w związku z tym, jeśli się **podzieli,** każda cześć, jako nie dorównująca całości, spojrzy na pozostałość i ujrzy świetność.

Zatem Wszystko, Co Jest podzieliło się – w jednej cudownej chwili stając się **tym** oraz **tamtym.** Po raz pierwszy **to** i **tamto** zaistniały niezależnie od siebie. Oba istniały jednocześnie, podobnie jak to, co nie było **ani tym, ani tamtym.**

Powstały więc nagle trzy rzeczy: to, co jest **tutaj,** to, co jest tam, i to, co nie jest **ani tutaj, ani tam.** Bez tego nie mogłyby istnieć **tutaj** i **tam.** To nic, które mieści wszystko. To pustka, która mieści przestrzeń. To całość, która mieści części.

Nadążasz za mną? Rozumiesz to?

Chyba tak. To niesamowite, ale wyjaśniłeś to tak przejrzyście, że chyba rozumiem.

Idźmy dalej. To **nic,** które zawiera wszystko, zwane jest przez niektórych Bogiem. Ale nie jest to zbyt ścisłe, gdyż sugeruje, że jest coś, czym Bóg nie jest – to znaczy, wszystko inne niż „nic". Ale Ja jestem Wszystkimi Rzeczami – widzialnymi i niewidzialnymi – toteż opisanie Mnie jako Tego Ukrytego, jako Wielką Pustkę, w myśl wschodniej, mistycznej definicji Boga jest równie niedokładne jak zasadniczo praktyczne widzenie Boga na Zachodzie we wszystkim, co jest. Słusznie sądzą ci, którzy uważają, że Bóg to Wszystko, Co Jest, i zarazem Wszystko, Co Nie Jest.

Otóż stwarzając „tutaj" i „tam", Bóg umożliwił Bogu poznanie swej Boskości. Z tą wielką odśrodkową eksplozją narodziła się relatywność /relacyjność – największy dar, jakiego udzielił sobie Bóg. Dlatego też relacje (osobowe) są największym darem Boga dla ciebie, o czym szerzej pomówimy przy innej okazji.

Wracając do naszego wywodu: Z niczego powstało Wszystko – w duchowym akcie, który zbiega się całkowicie z tym, co wasi naukowcy nazywają Wielkim Wybuchem.

Gdy ruszyły na zewnątrz pierwiastki wszech rzeczy, zrodził się czas, gdyż rzecz najpierw była tu, potem tam – a okres, jaki trwało dotarcie stąd tam, można było zmierzyć.

Kiedy cząstki widzialne zaczęły się określać we wzajemnych relacjach do siebie, podobny proces przebiegał wśród cząstek niewidzialnych.

Bóg wiedział, że aby mogła zaistnieć miłość – i poznać siebie jako **czystą miłość** – niezbędna jest jej dokładna odwrotność. Zatem stworzył Bóg wielką biegunowość: powołał do istnienia absolutne przeciwieństwo miłości, wszystko to, co nie jest miłością, a obecnie nazywa się strachem. Z chwilą pojawienia się strachu miłość stała się czymś, **czego można doświadczyć.**

Do powstania dualizmu miłości i jej przeciwieństwa nawiązują ludzkie mitologie mówiąc o narodzinach zła, upadku Adama, buncie Szatana przeciwko Bogu.

Tak jak z własnej woli nadaliście czystej miłości postać, która zwiecie Bogiem, tak i nadaliście niegodziwemu strachowi postać, która zwiecie diabłem.

Wokół tego zdarzenia osnuto rozmaite, dość wymyślne mity, które mówią o toczonej w niebiosach wojnie, anielskich żołnierzach i piekielnych wojownikach, siłach dobra i zła, światłości i mroku.

Z pomocą tych opowieści dawni ludzie próbowali pojąć, i przekazać innym w zrozumiały dla nich sposób, kosmiczne wydarzenie, którego głęboką świadomość zachowała dusza, ale które umysł z trudem może sobie wyobrazić.

Powołując wszechświat jako **rozdrobnioną postać siebie**, Bóg z czystej energii stworzył wszystkie rzeczy, widzialne i niewidzialne, obecnie istniejące.

Innymi słowy, powstał nie tylko wszechświat fizyczny, ale także **metafizyczny**. Druga połowa Boskiego Bytu/Nie-Bytu również rozpadła się na nieskończoną liczbę jednostek, które wy określilibyście jako duchowe.

Niektóre religijne przekazy opowiadają o tym, jak „Bóg Ojciec" dał początek licznemu duchowemu potomstwu. To odniesienie do ludzkiego doświadczenia mnożącego się życia wydaje się jedynym sposobem przystępnego dla szerokich mas przedstawienia idei nagłego powstania w „Królestwie Niebieskim" niezliczonych duchowych bytów.

Pod tym względem mityczne opowieści nie mijają się nawet zbytnio z rzeczywistością, bowiem niezliczone duchowe byty, które składają się na całość Mnie, stanowią, w kosmicznym wymiarze, Moje potomstwo.

Celem owego podziału było doprowadzenie do powstania cząstek Mnie, abym **mógł poznać siebie na drodze doświadczenia.** Tylko w jeden sposób Stwórca może poznać doświadczalnie swą istotę Stwórcy, a mianowicie przez Stworzenie. Toteż wszystkim mym duchowym potomkom udzieliłem **tej mocy tworzenia**, którą posiadam jako całość.

To właśnie mają na myśli wasze religie mówiąc, że zostaliście stworzeni na „obraz i podobieństwo Boga". Nie znaczy to, że nasze ciała wyglądają podobnie (choć Bóg może przyjąć dowolną postać). Chodzi tu o identyczność naszej esencji. Jesteśmy z takiego samego tworzywa. STANOWIMY „jedno i to samo" tworzywo! Z identycznymi właściwościami i zdolnościami – włącznie ze zdolnością tworzenia fizycznej rzeczywistości „z powietrza".

Celem, dla którego stworzyłem was, swoje duchowe potomstwo, było Boskie samopoznanie. Nie mogę poznać w sobie Boga inaczej jak przez was. Stąd można by powiedzieć (jak mówiono to już nieraz), że celem, jaki wam wyznaczyłem, jest to, abyście poznali siebie jako Mnie.

To zadziwiająco proste zadanie, ale mimo to staje się nader zawiłe – ponieważ punktem wyjścia do tego, abyście poznali siebie jako Mnie, jest poznanie wpierw swej odrębności.

Postaraj się teraz nadążyć za moim wywodem, ponieważ wkraczamy w bardzo subtelne obszary. Jesteś gotów?

Chyba tak.

Dobrze. Pamiętaj, że o to wyjaśnienie zabiegałeś, czekałeś na nie całe lata. Prosiłeś, abym wyłożył ci to w sposób przystępny, nie w postaci doktryny teologicznej czy naukowej teorii.

Tak – wiem, o co prosiłem.

A skoroś prosił, takoż i otrzymasz.

Dla uproszczenia posłużę się waszym mitologicznym modelem potomków Boga jako podstawą rozważań, gdyż jest on wam znajomy – i w sumie niezbyt daleki od prawdy.

Powróćmy więc do tego, jak przebiega ów proces samopoznania.

Otóż mogłem sprawić, aby Moje duchowe dzieci poznały siebie jako cząstki Mnie w jeden prosty sposób – powiedzieć im o tym. Tak też uczyniłem. Ale musisz wiedzieć, że Duchowi nie wystarczy sama wiedza, że jest Bogiem czy częścią lub potomstwem Boga (dziedzicem królestwa, w innym ujęciu mitologicznym).

Jak już ci tłumaczyłem, wiedzieć coś, a **doświadczyć czegoś,** to dwie różne rzeczy. Duch pragnął poznać siebie w doświadczeniu (podobnie jak Ja!). Sama świadomość koncepcyjna to za mało. Wymyśliłem więc plan. To najbardziej niesamowity pomysł w całym wszechświecie – a zarazem przykład niecodziennego partnerstwa. Mówię partnerstwa, ponieważ **wszyscy uczestniczycie w nim ze Mną.**

W myśl tego planu wy, czysty duch, mieliście wejść do właśnie stworzonego fizycznego wszechświata. A to dlatego, że tylko w wymiarze fizycznym można poznać doświadczalnie to, co się zna od strony koncepcyjnej. To zresztą główny powód, dla którego powołałem do istnienia kosmos – oraz rządzące nim zasady względności.

Raz znalazłszy się w fizycznym świecie, wy, me duchowe potomstwo, mogliście doświadczyć swojej wiedzy o sobie – ale najpierw musieliście **poznać swoje przeciwieństwo.** Biorąc to na chłopski rozum, nie możesz wiedzieć, że jesteś wysoki, jeśli i dopóki nie poznasz, co znaczy niski. Niemożliwe jest doświadczenie grubości, jeśli nie ma świadomości chudości. Wyciągając stąd ostateczne konsekwencje logiczne, nie możesz doświadczyć siebie takim, jakim jesteś, jeśli nie natrafiłeś wpierw na to, czym nie jesteś. Takie jest przeznaczenie względności i całego fizycznego życia. Zostajesz określony przez to, czym nie jesteś.

A co się tyczy wiedzy ostatecznej – wiedzy o sobie jako Stwórcy – nie możesz poznać swej istoty Stwórcy, jeśli i dopóki czegoś nie stworzysz. A nie możesz siebie stworzyć, dopóki siebie wpierw nie **unicestwisz.** W pewnym sensie musisz przestać być, aby móc się stać. Rozumiesz?

Mniej więcej...

Tak trzymaj.

Oczywiście, nie sposób unicestwić tego, Czym W Istocie Jesteś – zawsze byłeś, jesteś i będziesz czystym, twórczym duchem. Toteż wykonałeś inne znakomite posunięcie: celowo zapomniałeś, **Kim W Istocie Jesteś.**

Wkraczając do fizycznego świata, wyzbyłeś się pamięci o sobie. To umożliwia ci zostanie z wyboru tym, Kim W Istocie Jesteś, zamiast zwykłego pogodzenia się z faktem.

To właśnie w chwili postanowienia, że jesteś częścią Boga (zamiast po prostu dowiadywać się o tym), doświadczasz w pełni swej istoty – niczym nie ograniczonego wyboru, co z definicji oznacza Boga. Ale jakim sposobem możesz wybierać w sprawie, gdzie żadnego wyboru nie ma? Nie możesz przekreślić swego pochodzenia ode Mnie – ale możesz o nim **zapomnieć.**

Na zawsze pozostaniesz Boską cząstką Boskiej całości, członkiem Boskiego ciała. Powrót do Boga, złączenie się na powrót z Całością nazywane jest przebudzeniem, obudzeniem uśpionej pamięci.

Przeto waszym zadaniem na Ziemi jest nie dowiedzenie się (gdyż to już wiecie), lecz przypomnienie sobie, i wszystkim innym, Waszej Prawdziwej Istoty. Dlatego tak ważne jest działanie na rzecz obudzenia umysłów, wyrwania ich z mroków niepamięci, oświecenia.

Oddawali się temu wszyscy wspaniali nauczyciele duchowi. Taki też **przyświeca** cel tobie. I zarazem oświeca mroki twojej niepamięci.

Mój Boże, to takie proste – i takie... symetryczne. *To wszystko ładnie się ze sobą układa! Nagle do siebie pasuje! Wyłania się stąd obraz, który dotąd na próżno usiłowałem złożyć.*

To świetnie. O to zresztą chodzi w tym dialogu. Prosiłeś Mnie o odpowiedzi. A Ja przyrzekłem, że ci ich udzielę.

Z tego dialogu ma powstać książka; w ten sposób Moje słowa dotrą do wielu ludzi. Na tym polega twoje zadanie. Nurtują cię liczne pytania, dociekania na temat życia. Dopiero przygotowaliśmy przedpole, położyliśmy podwaliny pod dalsze ważkie wyjaśnienia. Przejdźmy teraz do tych dalszych kwestii. I nie martw się: jeśli czegoś do końca nie zrozumiesz, wkrótce samo się stanie dla cicbic jasne.

Tyle pytań mi się nasuwa. Powinienem chyba zacząć od tych najważniejszych, tych oczywistych. Na przykład, dlaczego świat wygląda tak, a nie inaczej?

Ze wszystkich pytań adresowanych do Boga to powtarza się najczęściej. Zadawał je człowiek od zarania dziejów. Już od pierwszej chwili chciał wiedzieć, dlaczego musi tak być?

W swej klasycznej postaci pytanie to zwykle brzmi: skoro Bóg jest samą doskonałością i samą miłością, to dlaczego zsyła zarazę i głód, wojny i choroby, trzęsienia ziemi, tornada, huragany i inne naturalne klęski, głębokie osobiste rozczarowania i ogólnoświatowe nieszczęścia?

Odpowiedź zawiera się w tajemnicy wszechświata i ukrytym, najwyższym znaczeniu życia.

Ja nie okazuję swej dobroci stwarzając wokół was wyłącznie to, co uznajecie za doskonałe. Nie objawiam swej miłości pozbawiając jednocześnie was możliwości objawienia waszej.

Jak już tłumaczyłem, miłość można okazać dopiero wtedy, gdy jest się zdolnym do okazania jej przeciwieństwa. Nic nie może zaistnieć bez swej odwrotności, wyjąwszy świat absolutu. Lecz sam absolut nie wystarczył ani tobie, ani Mnie. Przebywałem w królestwie absolutu w nieprzemijającym teraz i stamtąd ty również się wywodzisz.

Jednak w sferze absolutu nie ma doświadczenia, istnieje sama wiedza.

Wiedza to boski stan, ale największa radość płynie z bycia. **Bycie** osiąga się jednak przez doświadczenie. Ewolucja przebiega w sposób następujący: **wiedza, doświadczenie, bycie.** Oto Święta Trójca – która jest Bogiem.

Bóg Ojciec to **wiedza** – sprawca wszelkiego rozumienia, źródło wszelkiego doświadczenia, gdyż nie sposób doświadczyć czegoś, czego się nie wie.

Bóg Syn to **doświadczenie** – ucieleśnienie, odegranie w czasie tego wszystkiego, co Ojciec o sobie wie, gdyż nie możesz być tym, czego nie doświadczyłeś.

Bóg Duch Święty to **bycie** – od-cieleśnienie tego wszystkiego, czego doświadczył o sobie Syn; proste, wyśmienite „jestestwo" możliwe tylko dzięki wspomnieniu wiedzy i doświadczenia.

To proste bycie stanowi błogostan. To Bogo-stan, następujący po Boskiej samowiedzy i samodoświadczeniu. Za nim właśnie tęsknił Bóg na samym początku.

Ty, ma się rozumieć, masz już za sobą etap, na którym konieczne jest wyjaśnienie, że opis Boga jako ojca i syna nie ma nic wspólnego z kwestią płci. Posługuję się tutaj obrazowymi sformułowaniami waszych najnowszych świętych pism. Wcześniejsze księgi ujmowały to w kategoriach matki i córki. Ani jedno, ani drugie nie jest zresztą trafne. Bardziej odpowiednie jest pojmowanie tego związku jako: rodzic – potomek. Czy też to-z-którego-powstaje i to-które-powstaje.

Po dodaniu trzeciego członu Trójcy otrzymujemy relacje:

To-z-którego-powstaje/To-które-powstaje/To-które--jest.

Ta Troista Rzeczywistość to Boska pieczęć. To Boski wzór. Występuje on powszechnie w wyższym wymiarze. Nie sposób nie dostrzec go w kwestiach związanych z czasem i przestrzenią, Bogiem i świadomością czy którejkolwiek wzniosłej relacji. Natomiast nie spotyka się tej Troistej Prawdy w przyziemnych relacjach życia.

Rozpoznać można ten wzorzec w wyższych relacjach życia. W ujęciu religijnym staje się on Trójcą Ojca, Syna i Ducha Świętego. W pewnych szkołach psychiatrii mówi się o nadświadomości, świadomości i podświadomości. Nauki duchowe wymieniają ciało, umysł i ducha. Niektórzy uczeni głoszą istnienie energii, materii i eteru. Filozofowie powiadają, że nie można uznać czegoś za prawdę, jeśli nie jest prawdą w myśli, mowie i uczynku. Mówiąc o czasie, wyróżniamy tylko trzy czasy: przeszły, teraźniejszy i przyszły. Podobnie w postrzeganiu istnieją trzy chwile – przedtem, teraz i potem. W kategoriach przestrzennych, czy mówimy o punktach we wszechświecie czy miejscach w swym pokoju, zawsze uznajemy tutaj, tam i przestrzeń pomiędzy.

Sprawy przyziemne nie dopuszczają żadnego „pomiędzy". To dlatego, że relacje niższe występują w postaci diad, podczas gdy relacje wyższe niezmiennie występują jako triady. Stąd biorą się lewo-prawo, góra-dół, wolno-szybko, zimno-ciepło i największa ze wszystkich diad, męski-żeński. Nie ma tam miejsca na żadne **pomiędzy** i każda rzecz jest **jednym albo drugim** lub mniejszym czy większym stopniem jednego czy drugiego bieguna.

W obrębie relacji przyziemnych nie można pomyśleć o niczym bez koncepcji jego **przeciwieństwa.** Osadzona jest w tej rzeczywistości większa część naszych codziennych doświadczeń.

W obrębie relacji wyższych nie istnieje nic, co miałoby swoje **przeciwieństwo.** Wszystko jest Jednym i każda rzecz przechodzi od pierwszego do drugiego zataczając nie kończący się krąg.

Czas to subtelna dziedzina, w której wyróżniane przeszłość, teraźniejszość i przyszłość istnieją **współzależnie.** Nie ma między nimi przeciwieństwa: to elementy jednej całości, etapy rozwojowe tej samej idei, cykle tej samej energii, aspekty tej samej niezmiennej Prawdy. Jeśli wyciągniesz stąd wniosek, że przeszłość, teraźniejszość i przyszłość istnieją jednocześnie, będziesz miał rację. (Nie czas jednak na te rozważania. Zagłębimy się w to, kiedy uporamy się z ogólnym pojęciem czasu – a to odkładamy na później.)

Świat wygląda tak, a nie inaczej, ponieważ inny nie mógłby zaistnieć w obrębie fizyczności. Trzęsienia ziemi i huragany, powodzie i tornada, wydarzenia, które określacie mianem klęsk żywiołowych, to skutek powszechnej polaryzacji zjawisk, popadania z jednej skrajności w drugą. Cykl narodzin i śmierci również włączony jest w ruch od jednego do drugiego. Na tym polega rytm życia i podlega mu wszystko w fizycznej rzeczywistości, ponieważ samo życie to rytm. To fala, wibracja, pulsacja w samym jądrze Wszystkiego, Co Jest.

Choroba jest przeciwieństwem zdrowia i za waszą sprawą wkracza do waszej rzeczywistości. Nie możesz zachorować, jeśli w głębi duszy wpierw na to nie przyzwoliłeś, i możesz wyzdrowieć w chwili, kiedy to postanowisz. Głębokie osobiste rozczarowania to reakcje będące kwestię wyboru, a ogólnoświatowe nieszczęścia stanowią odbicie ogólnoświatowej świadomości.

Twoje pytanie sugeruje, że to Ja jestem za nie odpowiedzialny, że zdarzają się z Mojej woli. **Lecz Ja nie powołuję tych rzeczy do istnienia, przyglądam się tylko, jak wy to czynicie.**

Nie robię nic, aby im zapobiec, ponieważ to równałoby się **udaremnieniu waszej woli.** To z kolei odebrałoby wam doświadczenie Boskości, a to doświadczenie wybraliśmy dla siebie wspólnie.

Zatem nie potępiaj wszystkiego, co postrzegasz w świecie jako złe. Spytaj raczej siebie, co w danym zjawisku jest złego i co chcesz uczynić, aby to zmienić.

Szukaj w środku siebie raczej niż na zewnątrz, pytając: „Jakiej cząstki swej Jaźni pragnę doświadczyć w obliczu tego nieszczęścia? Jaki aspekt bycia chcę urzeczywistnić?" Całość życia jest bowiem jak narzędzie, które sam stworzyłeś, i wszelkie zdarzenia są tylko szeregiem sposobności ku temu, abyś postanowił, i był, Czym W Istocie Jesteś.

Dotyczy to każdej bez wyjątku duszy, widzisz więc, że we wszechświecie nie ma ofiar, są sami twórcy. Wiedzieli o tym Mistrzowie, którzy gościli na tej planecie. To dlatego żaden z nich, obojętnie, którego byś wymienił, nie uważał się za męczennika – choć wielu naprawdę skonało w mękach.

Mistrzem jest **każda** dusza – choć niektóre nie pamiętają swego pochodzenia czy dziedzictwa. Mimo to każda z nich stwarza sytuacje i okoliczności służące jej najszczytniejszemu celowi i jak najszybszemu przebudzeniu – w każdej chwili, którą zwiecie „teraz".

Nie osądzaj przeto losu, jaki jest udziałem drugiego. **Nie zazdrość innym sukcesu ani nie ubolewaj nad porażką, albowiem nie wiesz, co jest sukcesem czy porażką w końcowym rozrachunku duszy.** Nie sądź pochopnie, co nieszczęściem jest, a co radosną okazją, dopóki nie przekonasz się, lub zdecydujesz, jaki z tego zostanie zrobiony użytek. Albowiem czy śmierć okropna jest, jeśli ratuje życie tysiącom? A życie weselem, jeśli nie przyniosło nic prócz tez? Lecz nawet wtedy nie osądzaj, zachowaj swoje zdanie dla siebie i pozwól innym sądzić, co im się podoba.

Nie znaczy to, abyś był głuchy na wołanie o pomoc, czy nakaz płynący z duszy, aby działać na rzecz zmiany warunków czy okoliczności. Chodzi o to, abyś wystrzegał się szufladkowania i ferowania wyroków. Gdyż każda sytuacja to dar i każde doświadczenie kryje w sobie skarb.

Była kiedyś duszyczka, która wiedziała, że jest światłością, młoda i przeto żądna doświadczenia. „Ja jestem światłością – powiadała – Ja jestem światłością." Jednak świadomość ani powtarzanie tego nie mogły zastąpić doświadczenia siebie jako światłości. W świecie, z którego wywodziła się duszyczka, panowała wyłącznie jasność. Każda dusza była wspaniała, każda niepowszednia i każda błyszczała blaskiem Mojej światłości. Zatem owa duszyczka była niczym płomyk świecy na słońcu. Zanurzona w jasności, której stanowiła część, nie mogła siebie dostrzec, ani doświadczyć, Czym W Istocie Jest.

Stało się więc, że duszyczka zapragnęła siebie poznać. Tak mocne było jej pragnienie, że pewnego dnia powiedziałem: „Czy wiesz, Maleńka, co musisz uczynić, aby zaspokoić to swoje pragnienie?"

„Co takiego, Boże? Co? Nie cofnę się przed niczym!", odparła duszyczka.

„Musisz odłączyć się od nas – rzekłem – a potem pogrążyć w ciemności."

„A czymże jest ciemność, o Przenajświętszy?", spytała duszyczka.

„Wszystkim, czym nie jesteś ty", wyjaśniłem i duszyczka zrozumiała.

Tak więc oddzieliła się od Całości i zstąpiła do innego świata. A w tym świecie miała moc ściągania na siebie wszelkich odmian mroku. I tak postąpiła.

Lecz pośród owych zgromadzonych ciemności zawołała, „Ojcze, Ojcze, dlaczego mnie opuściłeś?" Ja i wy to czynicie w swej najczarniejszej godzinie. Ale przecież Ja nigdy was nie porzuciłem, zawsze stoję u waszego boku, gotów przypomnieć wam, Czym W Istocie Jesteście; zawsze gotów przyjąć was z powrotem do siebie.

Zatem, bądźcie światłem w ciemności i nie przeklinajcie jej.

I nawet kiedy osaczy was to, czym nie jesteście, nie zapominajcie swej prawdziwej istoty. Głoście chwałę stworzenia, nawet gdy chcecie wnieść doń zmiany.

I wiedzcie, iż to, jak się zachowacie w chwili najcięższej próby, może stać się zaczynem najwspanialszego triumfu. Albowiem stwarzane przez was doświadczenie jest wyrazem tego, Czym W Istocie Jesteście – I Czym Pragniecie Być.

Przytoczyłem ci tę przypowieść o duszyczce i słońcu, abyś lepiej zrozumiał, dlaczego świat jest tak urządzony – i w jaki sposób wszystko może ulec zmianie z chwilą, kiedy każdy przebudzi się do Boskiej prawdy swej najwyższej rzeczywistości.

Niektórzy powiadają, że życie jest jak szkoła, i to, czego doświadczasz i co postrzegasz, służy twojej nauce. Wypowiadałem się już na ten temat i powtarzam ci raz jeszcze:

Przychodzisz na ten świat nie po to, aby się czegokolwiek nauczyć, lecz aby objawić to, co już wiesz. Okazując tę wiedzę, powołasz ją do życia i stworzysz siebie na nowo dzięki doświadczeniu. W ten oto sposób usprawiedliwiasz życie i nadajesz mu cel. W ten sposób życie uświęcasz.

Chcesz powiedzieć, że wszystkie złe rzeczy, jakie się nam przytrafiają, wybraliśmy dla siebie sami? Czy to znaczy, że nawet ogólnoświatowe nieszczęścia i klęski żywiołowe są w jakimś stopniu wywoływane przez nas po to, abyśmy mogli „doświadczyć przeciwieństwa swej prawdziwej istoty"? A jeśli tak, to czy nie ma mniej bolesnego sposobu – dla nas samych i dla innych – umożliwiającego nam doświadczenie siebie?

Postawiłeś kilka pytań, i to celnych. Zajmijmy się nimi po kolei.

Nie, nie wszystkie złe rzeczy, jak je nazywasz, które się wam przytrafiają, wybraliście dla siebie sami. Nie w sensie świadomej decyzji. Są za to waszym dziełem, bez wyjątku.

Tworzeniu oddajecie się nieustannie. W każdej chwili. W każdej minucie. Każdego dnia. Jak to jest możliwe, o tym porozmawiamy później. Na razie uwierz mi na słowo – człowiek to wielka machina tworząca; powołujecie do istnienia nowe manifestacje dosłownie z prędkością myśli.

Sytuacje, zdarzenia, okoliczności i warunki – wszystkie są tworem świadomości. Nawet indywidualna świadomość ma wystarczającą moc. Możesz więc sobie wyobrazić, jakiego rodzaju twórcza energia zostaje uwolniona, gdy dwoje lub więcej zbierze się w Imię Moje. A co dopiero świadomość zbiorowa... Jest tak potężna, że potrafi spowodować wydarzenia i stany o zasięgu globalnym, z następstwami dla całej planety.

Byłoby nieścisłością utrzymywać, że to wy wybieracie te konsekwencje – nie w takim znaczeniu, w jakim wy to pojmujecie. Wybieracie je w nie większym stopniu niż Ja. Podobnie jak Ja, przyglądacie się im. I decydujecie, Czym Jesteście **w stosunku do powstałej sytuacji.**

Nie ma w świecie ofiar ani oprawców. Ani też nie godzą w ciebie wybory dokonywane przez innych. Na pewnym poziomie świadomości **wszyscy wspólnie** powołaliście do istnienia to, czego nie znosicie – a stworzywszy ową rzecz, tak jakbyście ją wybrali.

To rozumowanie na wysokim szczeblu, który prędzej czy później osiągają wszyscy Mistrzowie. Wszak dopiero gdy są w stanie wziąć na siebie odpowiedzialność za całość, nabierają mocy zmienienia jakiegoś jej wycinka.

Dopóki żywisz przekonanie, że ktoś lub coś ci „to robi", pozostajesz wobec tego bezsilny. Z chwilą przyznania, że to ty jesteś za to odpowiedzialny, nabierasz mocy, aby to zmienić.

O wiele łatwiej zmienić to, co robi się samemu, niż to, co robi inny.

Pierwszym krokiem prowadzącym do zmiany **czegokolwiek** jest uznanie, że to ty sam doprowadziłeś do jego zaistnienia w takiej właśnie postaci. Jeśli nie potrafisz wziąć za to osobistej odpowiedzialności, zgódź się na to, ponieważ rozumiesz, że Wszyscy jesteśmy Jednym.

Istnieje tylko jeden powód wszelkiego działania: pokazanie światu, Czym W Istocie Jesteś.

Ujęte w ten sposób, życie służy wyrażeniu Jaźni. Za pośrednictwem życia stwarzasz siebie. Jakim W Istocie Jesteś i Jakim Zawsze Pragnąłeś Być. Istnieje tylko jeden powód zaniechania jakiegoś działania: ponieważ **już nie odpowiada** temu, Czym Pragniesz Być. Nie oddaje twej istoty. Nie przedstawia twej Jaźni.

Jeśli chcesz, aby twoje życie wiernie ciebie przedstawiało, **postaraj się zmienić to, co nie pasuje do obrazu, jaki chciałbyś zachować w wieczności.**

W najszerszym pojęciu wszystkie „złe" rzeczy są przez ciebie wybrane. Błąd polega nie na wybraniu, lecz określeniu ich jako złe. Nazywając je tak, uznajesz za złą swoją Jaźń, ponieważ to ty je stworzyłeś. Jednak z takim określeniem nie możesz się pogodzić, więc zamiast nazywać swoją Jaźń złą, wolisz wyrzec się własnych wytworów. To właśnie tego rodzaju intelektualne i duchowe samooszukiwanie się pozwala ci akceptować świat taki, jaki jest. Gdybyś poczuwał się do odpowiedzialności za jego kształt, świat byłby zupełnie inny. Stałoby się tak **na pewno,** gdyby **każdy** poczuł się odpowiedzialny. Jest to tak oczywiste, że aż bolesne, wręcz ironiczne.

Światowe katastrofy – wulkany i powodzie, tornada i huragany – nie są twoim osobistym dziełem. Natomiast ty decydujesz o tym, do jakiego stopnia zdarzenia oddziałują na twoje życie.

Dzieją się we wszechświecie rzeczy, których żaden wysiłek wyobraźni nie zdoła przypisać twojemu udziałowi.

Są to bowiem twory połączonej świadomości wszystkich ludzi. Doświadczenia te wywołuje cały świat, tworzy je pospołu. To, co może uczynić każdy z was indywidualnie, to przejść przez nie i postanowić, co dla niego znaczą i Czym Pragnie Być w stosunku do nich.

Tak oto powołujecie do rzeczywistości, wspólnie i osobno, życie i czasy, których doświadczanie służy wyłącznie celowi ewolucji duszy.

Pytałeś, czy istnieje mniej bolesny sposób na to, aby dokonał się ten proces, i odpowiedź brzmi: tak – mimo to nie zmieni się nic w zewnętrznym kształcie twych doświadczeń. Jedyną drogą do zmniejszenia cierpienia, które kojarzycie z ziemskimi przypadkami – zarówno tymi, które dotykają bezpośrednio was, jak i tymi, które są udziałem innych – jest **inne ich postrzeganie.**

Nie jest w twojej mocy zmienić zewnętrzną szatę zdarzeń (to jest bowiem dziełem zbiorowym, a twoja świadomość nie jest na tyle rozwinięta, abyś mógł indywidualnym wysiłkiem wpłynąć na coś, co stworzył ogół ludzi), musisz więc przeobrazić swe doświadczenie wewnętrzne. Na tym polega sztuka życia.

Nic samo z siebie nie przyprawia nas o cierpienie. Cierpienie to skutek błędu w myśleniu.

Mistrz potrafi usunąć najbardziej dokuczliwą boleść; w ten sposób uzdrawia.

Ból bierze się stąd, jak daną rzecz osądzamy. Usuń osąd i ból zniknie. Sądzimy zazwyczaj, opierając się na wcześniejszym doświadczeniu. Twój pogląd na coś wynika z uprzedniego poglądu na tę samą rzecz. Uprzedni pogląd wynika z jeszcze wcześniejszego, i tak dalej, aż dochodzisz, jakbyś szedł wstecz przez gabinet luster, do myśli pierwotnej.

Wszelka myśl ma moc stwórczą, a żadna nie jest potężniejsza od pierworodnej myśli. Dlatego czasem określa się to mianem pierworodnego grzechu.

Grzech pierworodny ma miejsce wtedy, gdy w tej pierwszej myśli tkwi błąd. Błąd ten zostaje zwielokrotniony przez każdą następną myśl.

Czy z tego wynika, że nie powinna przysparzać mi cierpienia świadomość, że w Afryce dzieci przymierają z głodu, że w wyniku trzęsienia ziemi giną setki ludzi, że w Ameryce szerzą się przemoc i niesprawiedliwość?

W rzeczywistości Boskiej nie ma żadnych nakazów ani zakazów. Rób to, na co masz ochotę. To, co ciebie wyraża, to, co coraz wspanialej przedstawia twoją Jaźń. Jeśli chcesz się zadręczać, to się zadręczaj.

Ale nie osądzaj ani też nie potępiaj, gdyż nie wiesz, dlaczego coś się zdarza ani czemu służy.

I zapamiętaj: to, co potępiasz, kiedyś potępi ciebie, a co osądzasz, tym się kiedyś staniesz.

Próbuj raczej zmienić – lub wesprzyj tych, którzy już zmieniają – to, co przestało już wiernie oddawać twoje najwyższe mniemanie o swej Jaźni.

Lecz błogosław wszem – wszystko jest bowiem dziełem Boga, przez Niego ma życie, a to najwspanialszy dar.

Moglibyśmy na chwilę się zatrzymać, brak mi tchu. Czy mnie uszy nie mylą – powiedziałeś, że w rzeczywistości Boskiej nie ma nakazów i zakazów?

Zgadza się.

Jak to możliwe? Jeśli nie ma ich w Twoim świecie, to w takim razie gdzie są?

No właśnie – gdzie?

Powtarzam pytanie: Gdzie indziej mogą występować nakazy i zakazy jeśli nie w Twoim świecie?

W ludzkiej **wyobraźni.**

Ale ci, którzy uczyli mnie, jak postępować, co jest dobre, a co złe, co powinno się robić, a czego nie, twierdzili, że wszystkie te zasady zostały ustalone przez Ciebie – przez Boga.

Więc twoi nauczyciele nie mieli racji. Nigdy niczego nie nakazywałem ani nie zakazywałem, nie głosiłem, co jest dobrem, a co złem. Gdybym to uczynił, pozbawiłbym was największego daru – możliwości postępowania tak, jak wam się podoba, i doświadczania tego rezultatów; szansy stworzenia siebie na nowo na obraz i podobieństwo waszej prawdziwej istoty; przestrzeni, w której możecie urzeczywistnić coraz doskonalszą wersję siebie.

Nazwać coś złem – myśl, słowo, czyn – oznaczałoby zakazać wam czynienia tego. Zakaz równałby się skrępowaniu, a skrępowanie was zaprzeczałoby rzeczywistości waszej prawdziwej istoty i odbierało sposobność tworzenia i doświadczania tej prawdy.

Są tacy, którzy mówią, że dałem wam wolną wolę, mimo to ci sami ludzie twierdzą, że jeśli nie będziecie Mi posłuszni, poślę was do piekła. Gdzie tu wolna wola? Czy to nie jest kpina z Boga – i przekreślenie zarazem możliwości wytworzenia między nami jakiegokolwiek prawdziwego związku?

Wkraczamy na obszar, który również chciałem z Tobą omówić, to znaczy, kwestię istnienia piekła i nieba. Na podstawie tego, co tu zostało powiedziane, domyślam się, że nie ma czegoś takiego jak piekło.

Piekło jest, ale nie takie, jak masz na myśli, i nie trafia się tam z powodów, jakie podaje religia.

Czym w takim razie jest piekło?

Doświadczeniem najgorszego z możliwych skutków własnych wyborów, decyzji i wytworów. To naturalna konsekwencja każdej myśli, która się Mnie wypiera i zaprzecza temu, Czym Jesteś w relacji ze Mną.

To cierpienie, jakiego przysparzasz sobie w wyniku błędnego myślenia.

Piekło jest przeciwieństwem radości, niespełnieniem. To znajomość prawdziwej własnej istoty i niemożność jej doświadczenia. To bycie nie w pełni. Oto czym jest piekło i nie ma straszniejszej rzeczy dla twej duszy.

Ale piekło nie istnieje w postaci **miejsca,** o którym snuje się przeróżne fantazje, gdzie płoniesz w wiecznym ogniu, ani też jako stan nigdy nie kończącej się udręki. Jaki miałbym w tym cel?

Nawet gdybym powziął tę jawnie nie-Boską myśl, że ty „nie zasługujesz" na niebo, czy szukałbym tego rodzaju wymyślnej zemsty czy kary za to, że nie stanąłeś na wysokości zadania? Czy nie byłoby dla Mnie prościej pozbyć się ciebie? Skąd to mściwe dążenie do poddania cię cierpieniu przekraczającemu wszelkie wyobrażenie?

Jeśli powiesz, że z potrzeby sprawiedliwości, to czy nie zadośćuczyniłoby jej zwykłe wyłączenie ciebie ze wspólnoty ze Mną w niebie? Czy konieczne byłyby jeszcze innego rodzaju męki?

Oświadczam ci, że nie spotka cię po śmierci nic z tych rzeczy, które tak barwnie malują wasze teologie oparte na strachu. Lecz dusza twoja może doświadczyć takiego smutku, takiej niepełności, takiego braku, takiego oddzielenia od Boskiej radości, że wyda jej się to piekłem. Powiadam jednak, że to nie Ja jestem tego sprawcą. Ty sam stwarzasz to doświadczenie, ilekroć pozwolisz umknąć swej najwyższej myśli o sobie, ilekroć wypierasz się własnej Jaźni; ilekroć odrzucasz to, Czym W Istocie Jesteś.

Lecz nawet to nie trwa wiecznie. **Nie może,** ponieważ mój plan wobec ciebie nie przewiduje, abyś pozostał odłączony ode Mnie po wsze czasy. Coś takiego jest w ogóle niemożliwe – gdyż aby do tego doszło, nie tylko ty musiałbyś wyprzeć się swej prawdziwej istoty, ale Ja również. A tego nigdy nie zrobię. Dopóki jeden z nas zachowywać będzie prawdę o tobie, prawda o tobie ostatecznie zwycięży.

Ale jeśli piekła nie ma, to czy wobec tego mogę robić, co chce, postępować, jak mi się podoba, dopuszczać się występków, bez obawy, że spotka mnie za to kara?

Czy konieczny jest **strach,** abyś trzymał się tego, co jest z gruntu dobre? Czy trzeba ci grozić, abyś był dobry? Na czym właściwie polega „bycie dobrym"? Kto to ustala? Kto ustanawia reguły i wytycza zasady postępowania?

Powiadam ci: to ty ustanawiasz własne reguły, ty ustanawiasz sam dla siebie zasady postępowania. I osądzasz, jak dobrze się spisałeś; jak dobrze się sprawujesz. Albowiem to ty sam postanowiłeś, Kim i Czym W Istocie Jesteś – i Czym Pragniesz Być. Dlatego ty jeden możesz siebie ocenić.

Nikt inny cię nie osądzi, nigdy, po cóż bowiem Bóg miałby osądzać własne dzieło i potępiać je? Gdyby było moim zamierzeniem, abyś był idealny pod każdym względem, pozostawiłbym ciebie w stanie skończonej doskonałości, z której przybyłeś. Cala rzecz polega na tym, abyś siebie odkrył, stworzył swą Jaźń, jaką jesteś w rzeczywistości i jaką szczerze chcesz być. Ale to nie mogłoby się stać, gdyby nie dano ci też wyboru **bycia czym innym.**

Zatem czy mam cię karać za to, że **dokonałeś** wyboru, jaki Ja sam przed tobą postawiłem? Gdybym nie życzył sobie, abyś wybrał tę drugą możliwość, to czy stwarzałbym cokolwiek innego niż ta pierwsza?

Należy się nad tym zastanowić, zanim wyznaczy Mi się role potępiającego Boga.

Odpowiedź na twoje pytanie brzmi więc tak: możesz czynić, jak ci się podoba, bez obawy przed karą. Warto jednak uświadomić sobie tego konsekwencje.

Konsekwencje to rezultaty, naturalne następstwa. Różnią się od zemsty czy kary. Następstwa są po prostu wynikiem puszczenia w ruch naturalnych praw. Występują jako konsekwencja, dość przewidywalna, **tego, co było.**

Naturalnym prawom podlega całość procesów życiowych. Jeśli je pamiętasz i stosujesz, to znaczy, że opanowałeś sztukę życia na płaszczyźnie fizycznej.

To, co odbierasz jako karę – albo co wydaje ci się złem albo pechem – jest niczym innym jak skutkiem działania naturalnego prawa.

Czyli gdybym te prawa poznał i był im posłuszny, nigdy więcej nie miałbym kłopotów. Czy to masz na myśli?

Nie traktowałbyś żadnego doświadczenia jako „kłopotu". Sytuacje życiowe przestałyby być problemem. Nie podchodziłbyś z lękiem do żadnych okoliczności. Uwolniłbyś się od trosk, obaw, wątpliwości. Żyłbyś tak, jak wyobrażasz sobie życie Adama i Ewy – nie w postaci czystych duchów w sferze absolutu, ale ucieleśnionych duchów w rzeczywistości relatywnej. I stałyby się twoim udziałem cała wolność, cała radość, cały spokój, cała mądrość, moc i zrozumienie, płynące z Ducha, jakim jesteś. Spełniłbyś wtedy do końca swoje istnienie.

Taki jest cel twojej duszy. Na tym polega jej zadanie – spełnić się do końca przebywając w ciele; stać się **ucieleśnieniem** tego wszystkiego, czym naprawdę jest.

To właśnie zakłada Mój plan wobec ciebie. Urzeczywistnić się przez ciebie: oto Mój ideał; pojęcie obrócone w doświadczenie, abym mógł poznać siebie **doświadczalnie.**

Prawa rządzące wszechświatem Ja ustanowiłem. Są doskonałe i dzięki nim świat fizyczny funkcjonuje idealnie.

Czy znasz coś bardziej doskonałego od płatka śniegu? Jego wymyślny kształt, symetria, odmienność od reszty a zarazem niebywała wierność sobie – to prawdziwa tajemnica. Ten niesamowity cud Natury budzi w tobie zachwyt. Lecz jeśli Ja potrafiłem dokonać czegoś takiego ze zwykłym płatkiem, pomyśl tylko, co mogę sprawić – co już sprawiłem – z całym wszechświatem?

Gdybyś ujrzał jego symetrię, doskonałość formy – od największego ciała do najmniejszej drobiny – nie zdołałbyś zachować tej prawdy w swojej rzeczywistości. Nawet jeśli na mgnienie oka to uchwycisz, i tak nie pojmiesz jego implikacji. Lecz sama wiedza jest dla ciebie dostępna – o istnieniu implikacji o wiele bardziej złożonych i niezwykłych, niż może to pomieścić twe obecne rozumienie. Szekspir wyraził to wspaniale: „Są rzeczy na niebie i na ziemi, Horacjo, o których się nie śniło twoim filozofom".

Wobec tego w jaki sposób mogę poznać te prawa? Jak mogę się ich nauczyć?

To nie jest kwestia nauki, lecz przypomnienia. Jak mogę sobie je przypomnieć?

Zacznij od uspokojenia się. Wycisz zewnętrzny świat, aby twoje wnętrze przywróciło ci widzenie. Tego właśnie wglądu szukasz, ale dopóki pochłania cię zewnętrzna rzeczywistość, uzyskać go nie możesz. Toteż staraj się wniknąć jak najgłębiej w siebie. Zapamiętaj następującą rzecz:

Jeśli nie wchodzisz w siebie, to z siebie wychodzisz.

Powtarzaj to sobie w pierwszej osobie, aby miało to odniesienie indywidualne:

Jeśli nie wchodzę w siebie, to z siebie wychodzę.

Wychodziłeś z siebie, do świata, przez całe życie. Ale nie musisz, nigdy zresztą nie musiałeś.

Nic nie jest dla ciebie niemożliwe; jest w twoim zasięgu, cokolwiek zechcesz mieć, czymkolwiek zechcesz zostać, czegokolwiek zechcesz dokonać.

Można by to skwitować: „baju, baju, będziem w raju".

A co, twoim zdaniem, powinien obiecać Bóg? Uwierzyłbyś Mi, gdy moje obietnice były skromniejsze?

Od tysięcy lat ludzie nie dają wiary obietnicom Boga z nader osobliwego powodu: są zbyt piękne, aby były prawdziwe. Dlatego wybraliście obietnicę małą – i małą miłość. Albowiem wielka obietnica Boska płynie z wielkiej miłości. Ale dla was doskonała miłość jest nie do pomyślenia, więc tak samo nie do pomyślenia jest też doskonała obietnica; podobnie jak doskonała osoba, i z tego powodu nie potraficie uwierzyć nawet w swoją Jaźń.

Niemożność uwierzenia w którąkolwiek z tych rzeczy oznacza niemożność uwierzenia w Boga. Gdyż wiara w Boga pociąga za sobą wiarę w najwspanialszy Boski dar – bezwarunkową miłość – i najwspanialszą Boską obietnicę – nieograniczony potencjał.

Czy mogę przerwać na chwilę? Wprawdzie nie wypada przerywać Bogu w środku wywodu... ale słyszałem już tę gadaninę o nieograniczonym potencjale człowieka, a tego nie da się pogodzić z ludzkim doświadczeniem. Pomijając nawet trudności, jakie napotyka przeciętna osoba – jak wytłumaczyć przeciwności, z jakimi zmagają się ludzie upośledzeni umysłowo czy fizycznie. Czy ich potencjał też jest nieograniczony?

Przecież sami napisaliście tak w waszym Piśmie Świętym – na wiele różnych sposobów, w wielu różnych miejscach.

Podaj przykład.

Popatrz, co mówi Księga Rodzaju waszej Biblii, rozdział 11, wers 6.

Napisane jest tam: „I rzekł Pan: Oto jeden lud i wszyscy mają jeden język, a to dopiero początek ich dzieła. Teraz już dla nich nic nie będzie niemożliwe, cokolwiek zamierzą uczynić."

Zgadza się. Czy potrafisz tym słowom zawierzyć?

To nie rozwiązuje problemu ułomnych, kalekich, tych, którzy są ograniczeni.

Czy myślisz, że ich ograniczenie, jak to ująłeś, nie wynika z ich własnego wyboru? Czy wyobrażasz sobie, że przeciwności życiowe – w jakiejkolwiek postaci – z jakimi boryka się ludzka dusza, są dziełem przypadku? Czy tak właśnie rozumujesz?

Chcesz powiedzieć, że dusza zawczasu wybiera, jakiego życia doświadczy?

Nie, gdyż to przekreślałoby cel całej przygody, który polega na stwarzaniu swojego doświadczenia – i stwarzaniu w ten sposób swej Jaźni – w chwalebnym Teraz. Więc dusza nie wybiera zawczasu, jakiego życia doświadczy.

Możesz jednak dokonać selekcji osób, miejsc, zdarzeń – warunków i okoliczności, przeciwności i przeszkód, szans i możliwości – przy pomocy których będziesz swoje doświadczenie **tworzył.** To tak jak dobór barw na palecie, narzędzi w skrzyni, maszyn do warsztatu. To, co dzięki nim stworzysz, to twoja sprawa, a zarazem cel życia.

Masz nieograniczony potencjał we wszystkim, co postanowiłeś uczynić. Nie zakładaj pochopnie, że dusza wcielona w ciało, które nazywasz ułomnym, nie spełniła swojego potencjału, nie wiesz bowiem, co ta dusza próbuje osiągnąć. Nie znasz jej „rozkładu zajęć". Nie masz pewności co do jej zamierzeń.

Dlatego też błogosław każdej osobie i okoliczności, i składaj dzięki. W ten sposób zaświadczasz o doskonałości Boskiego dzieła – własnej w to wierze. W Boskim świecie nic nie dzieje się przez przypadek, zbieg okoliczności nie istnieje. Nie miota nim ślepy traf ani coś, co nazywasz przeznaczeniem.

Jeśli tak skończenie doskonały jest płatek śniegu w swoim kształcie, to czy nie sądzisz, że to samo da się powiedzieć o czymś tak znakomitym jak twoje życie?

Ale nawet Jezus uzdrawiał chorych. Dlaczego to robił, jeśli ich stan był „doskonały"?

Jezus nie uzdrawiał chorych dlatego, że postrzegał ich stan jako niedoskonały. Uzdrawiał, ponieważ widział, że dusze te pragną uleczenia w ramach swego procesu. Jezus dostrzegł doskonałość samego procesu. Rozpoznał i zrozumiał zamierzenia duszy. Gdyby uznał, że wszelka choroba, umysłowa czy fizyczna, stanowi niedoskonałość, czy nie uleczyłby po prostu wszystkich na całej planecie, za jednym zamachem? Czy wierzysz, że mógłby to uczynić?

Nie wątpię, że byłby w stanie to zrobić.

Świetnie. W takim razie umysł domaga się wyjaśnienia: dlaczego tego nie uczynił? Dlaczego uzdrowił jednych, a pozwolił cierpieć drugim? Jeśli o to chodzi, dlaczego w ogóle Bóg dopuszcza, aby człowiek cierpiał? Pytanie to stawiano nieraz, odpowiedź zaś wciąż się nie zmienia. Doskonałość tkwi w samym procesie – a wszelkie życie wynika z wyboru. Nie jest rzeczą słuszną wtrącać się do cudzego wyboru, podważać go, a tym bardziej go potępiać.

Jest rzeczą właściwą przyjrzeć się temu, a następnie uczynić co się da, aby wesprzeć dusze w poszukiwaniu i dokonaniu wyboru wyższego. Bacz więc na cudze wybory, ale nie osądzaj. Wiedz bowiem, że w danej chwili jest dla nich doskonały – bądź jednak gotowy przyjść im z pomocą, gdy nadejdzie chwila, że szukać będą nowego, innego, wyższego wyboru.

Zbrataj się z duszami innych, a jasne staną się ich cele, ich zamiary. Tak właśnie postąpił Jezus z tymi, których uzdrowił – ze wszystkimi, o których życie się otarł. Jezus leczył tych, którzy się do niego zwracali lub wysłali innych, aby się za nimi wstawili. Nie uzdrawiał na chybił trafił. To równałoby się pogwałceniu świętej Zasady Wszechświata:

Niechaj każda dusza kroczy własną ścieżką.

Ale czy to oznacza, że nie wolno nam pomagać, jeśli ktoś nas o to nie prosi? Chyba nie, bo wówczas nigdy nie pomoglibyśmy głodującym dzieciom w Indiach, dręczonym w Afryce, biednym i poniewieranym ludziom gdziekolwiek w świecie. Nie miałyby racji bytu wszelkie akcje humanitarne czy dobroczynne. Czy naprawdę musimy czekać na krzyk zrozpaczonej jednostki czy wołanie całego narodu o pomoc, zanim zrobimy to, co jest ewidentnie słuszne?

Odpowiedź narzuca się sama: jeśli coś jest ewidentnie dobre, zrób to. Ale pamiętaj o zachowaniu wielkiej ostrożności w szafowaniu określeniami „dobry" czy „zły".

Coś jest słuszne lub nie tylko dlatego, że to ty tak powiedziałeś. Nie ma rzeczy dobrej lub złej z samej jej istoty.

Czyżby?

„Słuszność" czy jej brak nie jest stanem przyrodzonym, lecz subiektywnym sądem w ramach przyjętego systemu wartości. Przez własne subiektywne sądy stwarzasz swoją Jaźń – przez przyjęte wartości określasz i okazujesz, Czym Jesteś.

Świat istnieje w takiej postaci po to, abyś mógł takie sądy wydawać. Gdyby świat był doskonały, skończyłby się życiowy proces stwarzania Jaźni. Zawód prawnika straciłby rację bytu, gdyby jutro zabrakło spraw karnych, podobnie zawód lekarza, gdyby od jutra ludzie przestali chorować. Filozof przeszedłby na emeryturę, gdyby wyczerpano wszelkie pytania.

A Bóg wziąłby sobie urlop, gdyby nie było już żadnych problemów do rozwiązania!

Dokładnie tak. Idealnie to ująłeś. My wszyscy przerwalibyśmy twórczy proces, ponieważ nie byłoby już nic do stworzenia. W związku z tym w naszym wspólnym interesie jest dbanie o to, aby **gra toczyła się dalej.** Choć mówimy, że chcielibyśmy rozwiązać wszelkie problemy, nie ośmielamy się rozwiązać ich wszystkich, gdyż sami pozbawiliśmy się zajęcia.

Pojmuje to dobrze wasz kompleks gospodarczo-wojskowy. Dlatego z całych sił przeciwstawia się ustanowieniu gdziekolwiek wrogich wojnie rządów.

Rozumie to również świat medyczny. Dlatego tak zawzięcie zwalcza – musi, jeśli chce przetrwać – wszelkie cudowne leki czy terapie, nie mówiąc już o samych cudach.

Widzi to jasno także społeczność religijna. Dlatego tak zgodnie potępia każdą definicję Boga, która nie opiera się na strachu, sądzie, i karze, i każdą definicję Jaźni, która odbiega od przyjętej idei jedynej drogi do Boga.

Jeśli oznajmię ci, że jesteś Bogiem – co się stanie z religią? Jeśli powiem ci, że jesteś uleczony – jaki sens ma wtedy nauka i medycyna? Jeśli zapewnię cię, że będziesz żył w pokoju – co poczną działacze na rzecz pokoju? Jeśli oświadczę ci, że świat jest w porządku – co pozostanie do zrobienia w świecie?

Gdzie się podzieją fachowcy?

W świecie występują zasadniczo dwa rodzaje ludzi: tacy, którzy dają ci to, czego pragniesz, oraz tacy, którzy naprawiają rzeczy, fachowcy. Uważaj jednak, abyś za bardzo się nie uzależnił ani od jednych, ani od drugich, bowiem od potrzeby do uzależnienia jest tylko jeden krok. Wiedzą o tym narkomani, o których mówi się, że odczuwają „głód".

Według ciebie, świat nigdy nie będzie wolny od problemów? I według ciebie, taki stan rzeczy nam odpowiada?

Mówię tylko, że świat – tak jak płatek śniegu – istnieje w takiej postaci, w jakiej istnieje, z założenia. Wyście go takim stworzyli – podobnie jak nadaliście swojemu życiu jego obecny kształt.

Ja pragnę tego, czego pragniecie wy. W dniu kiedy naprawdę zechcecie zlikwidować głód, głód się skończy. Otrzymaliście ode mnie wszystkie potrzebne do tego środki. Posiadacie narzędzia, aby tego wyboru dokonać. Ale nie uczyniliście tego. Nie dlatego, że **nie możecie.** Waszym wyborem jest uchylenie się od dokonania tego wyboru.

Twierdzicie, że śmierć z głodu czterdziestu tysięcy ludzi dziennie jest uzasadniona. Ale nie ma żadnego uzasadnienia. Kiedy oświadczacie, że w niczym nie możecie pomóc tym czterdziestu tysiącom nieszczęśników, sprowadzacie jednocześnie na świat pięćdziesiąt tysięcy nowych istnień ludzkich. I to nazywacie miłością. I to nazywacie Boskim planem. To plan całkowicie pozbawiony logiki czy rozumu, nie mówiąc nic o miłosierdziu.

Ja po prostu chcę ci unaocznić fakt, że świat istnieje w takiej postaci, w jakiej istnieje, ponieważ **wy ją dla niego wybraliście.** Wyniszczacie własne środowisko, a potem wskazujecie na klęski żywiołowe jako domniemaną sztuczkę okrutnego Boga czy srogiej Natury. Sami sobie spłataliście tego figla i to wasze postępowanie cechuje okrucieństwo.

Nic, nic nie ma w sobie takiej łagodności jak Natura, i nic, nic nie przewyższa okrucieństwa, z jakim człowiek obchodzi się z przyrodą. Ale wy unikacie odpowiedzialności. To nie moja wina, powiadacie, i w tym macie rację. To nie kwestia winy, to kwestia **wyboru.**

Możecie od jutra zaprzestać wycinania lasów tropikalnych. Możecie zaprzestać osłabiania powłoki ochronnej unoszącej się nad planetą. Możecie zaprzestać bezustannej rzezi ekosystemu Ziemi. Możesz zahamować proces topnienia płatka śniegu – ale czy będziesz chciał to uczynić?

Możecie też od jutra **położyć kres wszelkim wojnom.** Tak po prostu. Bez trudu. Ale skoro wy nie możecie dojść do porozumienia w sprawie tak oczywistej jak zakończenie wzajemnego się wyrzynania, to jakim prawem żądacie od Boga, aby naprawił wasze życie?

Ja nie zrobię dla ciebie nic, czego ty sam nie uczynisz dla swej Jaźni. Tak mówi prawo i prorocy.

Świat znalazł się w swym obecnym położeniu przez ciebie – i w wyniku wyborów, których dokonałeś lub od których się uchyliłeś.

(Niepodjęcie decyzji to także decyzja).

Ziemia jest w takim stanie przez **ciebie** – i w wyniku wyborów, których dokonałeś lub od których się uchyliłeś.

Twoje życie wygląda tak, jak wygląda, za sprawą **ciebie** – i w wyniku wyborów, których dokonałeś lub od których się uchyliłeś.

Ale ja nie wybrałem dla siebie tego, żeby potrąciła mnie ciężarówka! Nie wybrałem dla siebie tego, żeby obrabował mnie ten bandyta albo zgwałcił ten szaleniec. Wielu ludzi na świecie mogłoby tak powiedzieć. Tak.

Wy wszyscy razem wzięci jesteście pierwotną przyczyną zaistnienia warunków, które sprzyjają powstaniu u bandyty chęci, czy domniemanej potrzeby, rabowania. Wszyscy jesteście odpowiedzialni za pojawienie się świadomości, dzięki której gwałt staje się możliwy. Dopiero kiedy dostrzeżesz **w samym sobie** to, co pchnęło drugiego do przestępstwa, możesz przystąpić do uzdrawiania podłoża przemocy.

Nakarmcie głodujących, przywróćcie biedakom godność. Dajcie szansę tym, którym się nie powiodło. Odrzućcie uprzedzenia, które podsycają lek i rozgoryczenie mas, odbierają nadzieję na lepsze jutro. Znieście bezsensowne zakazy i restrykcje tłumiące seksualną energię; zamiast tłamsić, pomóżcie innym odkryć jej wartość i skierować ją na właściwe tory. Czyńcie to, a położycie mocne podwaliny pod świat wolny od przestępstw i gwałtu.

Co się tyczy wypadków – ciężarówki wyjeżdżającej zza zakrętu, cegły spadającej z nieba – nauczcie się je widzieć w perspektywie większej całości. Waszym zadaniem tutaj jest wypracowanie indywidualnego sposobu na własne zbawienie. Ale zbawić się nie oznacza uratować się od szponów Szatana. Szatan nie istnieje, ani piekło. A ty wybawiasz się z amnezji, jaką jest niespełnienie.

Tej bitwy przegrać nie możesz. Nie możesz nie wyjść z tej próby zwycięsko. Dlatego też nie jest to walka, lecz po prostu proces. Jeśli jednak tego nie wiesz, dostrzeżesz tylko nieustanne zmagania. Może uwierzysz w te zmagania na tyle, że zbudujesz na nich całą religię. Religia ta będzie ci wmawiać, że **walka jest istotą tego wszystkiego.** To fałszywa nauka, gdyż proces toczy się naprzód dzięki wyrzeczeniu się walki. Przez kapitulację odnosi się tu zwycięstwo.

Wypadki zdarzają się siłą rzeczy. Pewne elementy życiowego procesu zbiegły się w określony sposób w określonym miejscu, przynosząc określony wynik – wynik, który ty nazywasz nieszczęściem, z sobie właściwych powodów. Mimo to, biorąc pod uwagę zadania duszy, przypadki te wcale nie muszą być nieszczęśliwe.

Powiem ci jedno: Nie ma czegoś takiego jak zbieg okoliczności i nic nie dzieje się przypadkiem. Każdą przygodę, każde zdarzenie sprowadza na siebie twoja Jaźń po to, aby stwarzać i doświadczać, Czym W Istocie Jesteś. To prawda znana wszystkim prawdziwym Mistrzom. To dlatego potrafią oni zachować spokój ducha nawet w obliczu najgorszych nieszczęść życiowych (używając twojego nazewnictwa).

Rozumieją to wielcy nauczyciele chrześcijańscy. Wiedza, że Jezus liczył się z tym, iż zostanie ukrzyżowany, i wcale go to nie przerażało. Mógł się od tego uchronić, ale wziął to na siebie. Był w stanie przerwać ten proces w każdej chwili. Miał taką moc. Lecz nie przerwał. **Pozwolił się ukrzyżować,** aby zostać obrazem wiecznego zbawienia dla człowieka. „Spójrzcie, co ja mogę – mówił – oto jest Prawda. Zaprawdę powiadam wam, wszystkie te rzeczy, i więcej, wy też możecie uczynić. Czyż nie mówiłem, jesteście niczym bogowie? Jeśli więc nie możecie uwierzyć w **siebie,** uwierzcie choć we **mnie**."

Tak wielkie było miłosierdzie Jezusa, że błagał o jakiś sposób – i znalazł go – aby wpłynąć na świat z taką siłą, by wszyscy mogli trafić do nieba (osiągnąć samospełnienie), jeśli nie inaczej, to przez niego. Dlatego pokonał nieszczęście i śmierć. Abyś ty mógł także.

Najwspanialszym przesłaniem Chrystusa jest nie to, że **będziesz** miał życie wieczne, ale że **już** je masz; nie to, że **będziecie** braćmi w Bogu, ale że **już** jesteście; nie to, że otrzymasz wszystko, o co prosisz, ale że **już** to **masz.**

Trzeba tylko, abyś to wiedział. Gdyż ty jesteś twórcą swojej rzeczywistości, a życie nie ukaże ci się od innej strony, niż myślisz, że się ukaże.

Myślą powołujesz ją do istnienia. Taki jest pierwszy etap tworzenia. Bóg Ojciec jest myślą. Twoja myśl to źródło, z którego wywodzą się wszystkie rzeczy.

To jedna z zasad, które należy pamiętać.

Tak.

A jak brzmią pozostałe?

Zasada Pierwsza: możesz być czymkolwiek i mieć lub robić cokolwiek, co zdołasz sobie wyobrazić; Zasada Druga: przyciągasz to, czego się lękasz.

Dlaczego tak jest?

Emocje mają moc przyciągania. To, czego najbardziej się boisz, stanie się twoim doświadczeniem. Zwierzę – uznawane przez ciebie za niższą formę życia (mimo że postępowanie zwierząt cechuje większa uczciwość i spójność niż działanie ludzkie) – od razu wyczuwa, że się go obawiasz. Rośliny – stojące jeszcze niżej w twej hierarchii życia – o wiele inaczej reagują na ludzi, którzy je kochają, niż na tych, których nic a nic nie obchodzą.

Nie dzieje się tak przez przypadek. Nie ma przypadkowych zbiegów okoliczności we wszechświecie – tylko wspaniały wzór; niesamowity „płatek śniegu".

Emocja to energia wprawiona w ruch, a gdy wprawisz energię w ruch, powstanie efekt. Jeśli wprawisz w ruch dostateczną ilość energii, stworzysz materię. Materia to zbita energia. Jeśli w odpowiedni sposób i wystarczająco długo poddasz energię obróbce, otrzymasz materię. Prawo to zna każdy Mistrz. Na tym polega alchemia wszechświata, sekret całego życia.

Myśl jest czystą energią. Raz pomyślana, myśl pozostaje na zawsze twórcza. Jej energia nigdy nie zanika. Nigdy. Oddziela się od twej istoty i mknie w kosmos, w nieskończoność. Myśl nie ma końca.

Myśli lgną do siebie, zbiegają się ze sobą, przecinając się wzajemnie w zadziwiającym labiryncie energii, przybierając coraz to inny wzór, niewymownie piękny i niewiarygodnie zawiły.

Energia lgnie do energii pokrewnej i w ten sposób tworzą się skupiska podobnej energii. Skupiska te łączą się ze sobą, do powstania zaś materii potrzeba niewyobrażalnie wielkiej ilości zbliżonej energii. Ale mimo to materia powstaje z czystej energii; właściwie tylko w ten sposób może powstać. Kiedy energia zamieni się już w materię, pozostaje nią na długo – chyba że zaburzy jej strukturę jakaś przeciwstawna forma energii. Oddziaływując na materię, ta odmienna forma energii w istocie ją rozbija, uwalniając pierwotną energię, z której się składała.

Oto jak się przedstawia, w uproszczonych kategoriach, teoria, która leży u podstaw waszej bomby atomowej. Ze wszystkich ludzi żyjących kiedykolwiek na świecie Einstein najbliżej otarł się o twórczy sekret wszechświata; nikt inny w takim stopniu nie zgłębił, nie wyjaśnił i nie zaprzągł do ludzkich celów jego mocy.

Teraz na pewno lepiej zrozumiesz, jak to możliwe, że osoby będące **jednej myśli** wspólnym wysiłkiem przyczyniają się do zaistnienia wymarzonej rzeczywistości. O wiele głębszego znaczenia nabiera zwrot: „Gdziekolwiek dwóch lub więcej zgromadzi się w imię Moje".

Oczywiście, doprawdy zaskakujące rzeczy zdarzają się, gdy w podobny sposób myślą całe **społeczeństwa,** przy czym nie zawsze są to zjawiska chwalebne. Na przykład społeczność żyjąca w strachu bardzo często – a właściwie **nieuchronnie** – powołuje do istnienia to, czego lęka się najmocniej.

Na podobnej zasadzie wyznaniowe wspólnoty przekonują się raz po raz o cudownej mocy zjednoczonej myśli (czy, jak to się mówi, wspólnej modlitwy).

Trzeba też jednak jasno zaznaczyć, że nawet jednostki – o ile ich myśl (modlitwa, nadzieja, życzenie, marzenie, strach) jest wystarczająco silna – potrafią same z siebie osiągać takie rezultaty. Regularnie czynił to Jezus. Umiał posługiwać się energią i materią, wiedział, jak zmieniać jej układ i na nowo ją rozdzielać, całkowicie nad nią panował. Posiadło tę sztukę wielu Mistrzów, nawet żyjących obecnie.

Jest ona również dostępna dla **ciebie.** W każdej chwili.

To właśnie jest poznanie dobra i zła, które stało się udziałem Adama i Ewy. Bez zrozumienia tego życie w takiej postaci jak obecnie byłoby niemożliwe. Adam i Ewa to mityczne imiona Pierwszego Mężczyzny i Pierwszej Kobiety, Ojca i Matki ludzkiego doświadczenia.

To, co ukazane zostało jako upadek Adama, w istocie było jego wzlotem – najbardziej doniosłym zdarzeniem w dziejach człowieczeństwa. Bez niego nie mogłaby zaistnieć rzeczywistość relatywna. Czyn Adama i Ewy to nie pierworodny grzech, ale tak naprawdę pierworodne błogosławieństwo. Winniście im dziękować z głębi serca, albowiem będąc pierwszymi, którzy wybrali „źle", Adam i Ewa **stworzyli możliwość dokonania jakiegokolwiek wyboru.**

Wasza mitologia przedstawia Ewę w niekorzystnym świetle – jako kusicielkę, która spożyła owoc, posiadła wiedzę dobra i zła – i skłoniła Adama, aby poszedł w jej ślady. Taki mityczny porządek rzeczy pozwolił wam uznać kobietę za przyczynę „zguby" mężczyzny, przyczynił się do zaistnienia wszelkiego rodzaju wypaczonych rzeczywistości – nie mówiąc o zaburzeniach i zamęcie w sferze seksu. (Jak to możliwe, że coś **tak złego, sprawia ci** taką **przyjemność?**)

To, czego najbardziej się boisz, najbardziej da ci się we znaki. Strach ściągnie to na ciebie niczym magnes. Wasze święte pisma – każdej bez wyjątku tradycji religijnej – zawierają wyraźną przestrogę: wyzbądź się lęku. Czy sądzisz, że to przypadek?

Zasady są proste:

1. Myśl ma moc stwórczą.
2. Strach przyciąga pokrewną energię.
3. Miłość jest wszystkim, co istnieje.

Hola, coś tu nie gra z tą trzecią zasadą. Jak miłość może być wszystkim, co istnieje, skoro strach przyciąga pokrewną energię?

Miłość jest rzeczywistością ostateczną. Jedyną i pełną. Uczucie miłości równa się doświadczeniu Boga.

W najwyższym wymiarze Prawdy miłość jest wszystkim, co istnieje, istniało i istnieć będzie. Wkraczając w sferę absolutu, zanurzasz się w miłości.

Świat względności powstał po to, abym mógł siebie doświadczyć. Już ci to tłumaczyłem. Ale to nie znaczy, że jest on **rzeczywistością.** Jest to świat stworzony i **tworzony wciąż na nowo,** przeze Mnie i przez ciebie – abyśmy mogli poznać siebie na drodze doświadczenia.

Mimo to stworzenie może sprawiać wrażenie rzeczywistości. I oto właśnie chodzi – ma ono być na tyle rzeczywiste, abyśmy **przyjęli** je jako realnie istniejące. Bóg zamyślił powołanie do istnienia „czegoś innego" niż On sam (choć ściśle mówiąc, jest to niemożliwe, gdyż Bóg jest – Jam Jest – Wszystkim, Co Jest).

Rzeczywistość relatywna, czyli owo „coś innego", z założenia ma być dla was środowiskiem, w którym możecie **wybrać** bycie Bogiem, zamiast po prostu **przyjąć do wiadomości,** że jesteście Bogiem; w którym możecie doświadczyć Boskości w postaci aktu twórczego, zamiast samej koncepcji; w którym mały płomyk w słońcu – najmniejsza duszyczka – może doznać swojej światłości.

Strach jest **przeciwnym krańcem miłości,** przeciwległym biegunem. Stwarzając świat względności, najpierw powołałem do istnienia swoje przeciwieństwo. Na płaszczyźnie fizycznej możliwe są wyłącznie **dwa sposoby bycia:** miłość i strach. Myśli płynące ze strachu powodują wystąpienie jednego rodzaju manifestacji, myśli zaś płynące z miłości manifestacji drugiego rodzaju.

Mistrzowie stąpający po tej Ziemi to ci, którzy zgłębili tajemnice świata relatywnego – i odmówili mu realności. Jednym słowem, **Mistrz to ten, który wybrał tylko miłość. W każdej chwili. W każdych okolicznościach.** Nawet ginąc z ręki swych oprawców, Mistrzowie nie przestawali ich miłować. Nawet cierpiąc prześladowania, nie przestawali miłować swoich prześladowców.

Trudno wam ich zrozumieć, a jeszcze trudniej naśladować. Niemniej tak postępował każdy Mistrz. Nieważne, jaką reprezentował filozofię, tradycję czy religię – tak postępował każdy Mistrz.

Nauka ta wyłożona wam została bardzo wyraźnie. Raz po raz na nowo jest wam ukazywana. Od wieków i w każdym zakątku świata. W każdej chwili twych kolejnych żywotów. Na wszelkie sposoby wszechświat usiłuje unaocznić wam tę Prawdę. Przez pieśń i opowieść, poezję i taniec, słowa i ruch – i przez ruchome obrazy, zwane przez was filmami, i przez zbiory słów, zwane przez was książkami.

Obwieszczano ją gromkim głosem z najwyższych szczytów, jej szept dolatywał w najbardziej zapadłe niziny. **Prawda ta rozbrzmiewa echem we wszelkich zakamarkach ludzkiego doświadczenia:** Miłość jest jedyną drogą. **Ale wy jej nie słuchacie.**

A teraz bierzesz do ręki tę książkę i pytasz Boga o to, co mówiono wam już tysiące razy na tysiące sposobów. Mimo to raz jeszcze odpowiem – **tutaj – na stronicach tej książki.** Czy teraz posłuchasz? Czy teraz naprawdę usłyszysz?

Jak sądzisz, jakim sposobem trafiłeś na tę książkę? Co sprawiło, że trzymasz ją właśnie w ręku? Czy myślisz, że Ja nie wiem, co robię?

We wszechświecie nie zdarzają się przypadkowe zbiegi okoliczności.

Doszło do mnie wołanie twego serca. Ujrzałem wysiłki twojej duszy. Wiem, jak mocno łakniesz Prawdy. Domagałeś się jej i w radości, i w smutku. Bezustannie zaklinałeś Mnie. **Ukaż ją Mnie. Oświeć Mnie. Odsłoń ją Mnie.**

Czynię to tutaj, w sposób tak przystępny, że nie sposób nie zrozumieć. Mowa moja tak prosta, że nie sposób się pomylić, słownictwo tak zwyczajne, że nie sposób się zagubić w potoku słów.

Więc dalej, śmiało. Pytaj. Pytaj Mnie o **cokolwiek.** Postaram się udzielić ci odpowiedzi. Wykorzystam do tego cały wszechświat. Toteż miej oczy szeroko otwarte. Ta książka to nie wszystko, na co Mnie stać. Możesz zadać pytanie i ją odłożyć. Ale uważaj. Wypatruj. Nasłuchuj. Słowa następnej piosenki w radiu. Treść artykułu w gazecie. Fabuła filmu, który obejrzysz. Przypadkowa wypowiedź osoby, którą spotkasz. Szept rzeki, oceanu, powiewu delikatnie szumiącego w uchu – **wszystkie te środki** są Moje; wszelkie drogi stoją przede Mną otworem. Przemówię do ciebie, o ile będziesz chciał słuchać. Przyjdę, jeśli Mnie zaprosisz. Pokażę ci wtedy, że zawsze byłem z tobą. Wszędzie.

2

„Dasz mi poznać drogę życia,
Obfitość radości w obliczu twoim
Rozkosz po prawicy twojej na wieki."
Psalm 16 : 11

Całe życie poszukiwałem drogi do Boga –

Wiem, że szukałeś –

– i oto znalazłem i nie mogę wprost uwierzyć. Mam wrażenie, jakbym siedział tu i pisał do samego siebie.

Bo tak jest.

Nie przypomina to za bardzo rozmowy z Bogiem.

Brakuje ci dzwonów i chórów anielskich? Może da się coś w tej sprawie zrobić.

Wiesz chyba, prawda, że niektórym cała ta książka wyda się bluźnierstwem. Zwłaszcza jeśli dalej będziesz tak dowcipkował.

Coś ci powiem. Wy wszyscy macie przekonanie, że Bóg ukazuje się tylko na jeden sposób. To bardzo niebezpieczne przekonanie.

Nie pozwala ci dostrzegać Boga wszędzie dookoła. Jeśli uważasz, że Bóg wygląda, jest słyszalny, a nawet istnieje jedynie tak, jak sobie to wymyśliłeś, i nie inaczej, przeoczysz Mnie w każdej chwili swojego życia. Będziesz nieustannie rozglądał się za Bogiem i nie znajdziesz Jej. Ponieważ szukasz Jego, rodzaj męski. To tylko jeden przykład. **Powiedziane jest, że jeśli nie zauważasz Boga w rzeczach błahych i w rzeczach doniosłych na równi, to widzisz tylko jedną stronę medalu. To ważna Prawda.** Bóg kryje się i w śmiechu, i we łzach, w tym, co gorzkie, i w tym, co słodkie. Wszystko ma swoje Boskie przeznaczenie, dlatego we wszystkim obecna jest Boskość.

Kiedyś zabrałem się do pisania książki pod tytułem „Bóg to kanapka z salami".

To byłaby świetna książka. Ja cię do niej natchnąłem. Dlaczego ją zarzuciłeś?

Pachniało mi to bluźnierstwem. A przynajmniej zdradzało okropny brak szacunku.

Chciałeś powiedzieć **cudowny** brak szacunku! Skąd to mniemanie, że Bóg jest wyłącznie „czcigodny"? Bóg to góra i dół, ciepło i zimno. Prawa strona i lewa. To, co czcigodne, i to, co śmieszne!

Czy myślisz, że Bóg nie umie się śmiać? Że nie bawi go dobry kawał? Czy twoim zdaniem Bóg jest pozbawiony poczucia humoru? Powiadam ci, to Bóg wymyślił humor.

Czy musicie przemawiać do Mnie nabożnym szeptem? Czy slang i dosadny język są Mi obce? Powiadam ci, możesz zwracać się do Mnie jak do najlepszego kumpla.

Sądzisz, że jest jakieś słowo, którego bym nie słyszał? Widok, jakiego bym nie oglądał? Dźwięk, jakiego bym nie znał?

Czy takie jest twoje mniemanie, że jedne z nich miłuję, a innymi gardzę? **Powiadam ci, Ja nie gardzę niczym. Nic nie jest Mi wstrętne. To życie, a życie jest darem;** niewyobrażalnym skarbem; największą świętością.

Życie to Ja, gdyż życie jest ze Mnie i we Mnie. Każdy jego przejaw ma cel. Nie istnieje nic – żadna rzecz – bez powodu, którego bym nie uszanował i nie zatwierdził.

Jak to? A zło, które wyrządza człowiek?

Nie może zaistnieć nic – żadna myśl, rzecz, zdarzenie, doświadczenie wszelkiego rodzaju – co nie mieści się w Boskim planie. Albowiem Boski plan przewiduje, że wy, ludzie, możecie tworzyć wszystko, **cokolwiek** zapragniecie. Tylko taka wolność umożliwia doświadczenie Boga jako Boga – a do tego właśnie doświadczenia stworzyłem was, ciebie. I całe życie.

Złem jest to, co **nazywacie** złem. Jednak i to ukochałem, gdyż tylko za pośrednictwem tego, co zwiecie złem, możecie poznać dobro; tylko za pośrednictwem tego, co zwiecie dziełem diabła, możecie poznać i pomnażać dzieło Boga. Ciepło nie jest mi bardziej miłe od zimna, lewa strona od prawej ani góra od doliny. Wszystko to jest **względne.** Stanowi część tego, co jest.

Nie miłuję „dobra" bardziej od „zła". **Hitler poszedł do nieba.** Gdy to zrozumiesz, wtedy pojmiesz Boga.

Ale mi nie wpajano, że dobro i zło istnieją, że są sobie przeciwne; że pewne rzeczy są niewłaściwe, nie do przyjęcia dla Boga.

Wszystko jest „do przyjęcia" dla Boga, gdyż jak może Bóg nie przyjąć tego, co jest? Odrzucić coś równa się zaprzeczyć jego istnieniu. Powiedzieć, że coś jest nie w porządku, znaczy powiedzieć, że nie jest częścią Mnie – a to niemożliwe.

Lecz mimo to nie wyrzekaj się swoich przekonań, pozostań wierny swoim wartościom, gdyż są to wartości uznane przez twoich rodziców, rodziców twoich rodziców, przyjaciół, społeczeństwo. Tworzą tkankę twojego życia, a utrata ich pozbawiłaby spójności twoje doświadczenie. Ale przypatrz się im kolejno. Zbadaj. Nie burz całego domu, przyjrzyj się każdej cegle i wymień wszystkie, które wydadzą się uszkodzone, z których nie ma już żadnego pożytku dla konstrukcji.

Twoje poglądy na dobro i zło to tylko poglądy. Myśli, które nadają kształt i treść temu, Czym Jesteś. Istnieje jeden tylko uzasadniony powód, aby je zmienić; jeden cel dokonania przeróbki: jeśli nie jesteś zadowolony z siebie, z tego, Czym Jesteś.

O tym możesz wiedzieć tylko ty. Tylko ty możesz wyrazić się o swoim życiu – „Oto moje dzieło, z którego jestem zadowolony".

Jeśli twoje wartości dobrze ci służą, zachowaj je. Broń ich, spieraj się o nie.

Lecz staraj się przy tym nie zaszkodzić nikomu. Cudza krzywda nie jest pożądanym składnikiem procesu uzdrawiania.

Każesz mi obstawać przy moich wartościach, a jednocześnie mówisz, że są złe. Mógłbyś to wyjaśnić?

Nie powiedziałem, że twoje wartości są złe. Ale nie są też dobre. To sądy. Oceny. Decyzje. Przeważnie będące dziełem nie twoim, lecz cudzym. Może twoich rodziców. Kościoła. Nauczycieli, historyków, polityków.

Zaledwie znikoma cześć wartościujących sądów, które przyswoiłeś sobie jako prawdę, to sądy, jakich dokonałeś sam na podstawie własnych doświadczeń. Ale przecież jesteś tu po to, aby zdobywać doświadczenie – z doświadczeń swoich masz stworzyć siebie. A tworzysz siebie z doświadczeń innych ludzi.

Gdyby grzech istniał, polegałby właśnie na tym: na dopuszczeniu do tego, aby o tym, Czym Jesteś, zadecydowały cudze doświadczenia. Takiego „grzechu" się dopuściłeś. Nie ty jeden, wszyscy ludzie. Przekreślacie z góry własne doświadczenia, z nabożeństwem (dosłownie) przyjmując doświadczenia innych, a kiedy po raz pierwszy trafia się wam **prawdziwe doświadczenie,** nakładacie na nie to, co jak wam się wydaje, już o nim wiecie.

Gdyby nie to, mogłoby ono mieć przebieg zupełnie odmienny – taki, który dowiódłby, że wasz nauczyciel (czy jakieś inne źródło) był w błędzie. Zazwyczaj jednak nie chcecie podważać autorytetu rodziców, szkoły, religii, tradycji, pisma świętego – dlatego **wyrzekacie się własnego doświadczenia** na rzecz tego, co wam **wpojono.**

Widać to w sposób szczególnie jaskrawy w waszym podejściu do erotyki.

Powszechnie wiadomo, że miłość fizyczna może być najbardziej ekscytującym, odprężającym, regenerującym, energetyzującym, jednoczącym, intymnym, afirmującym przeżyciem w obrębie ludzkiego doświadczenia. Jednak przekonawszy się o tym doświadczalnie, wy opowiadacie się raczej za sądami, opiniami i poglądami na temat seksu, głoszonymi przez innych, którym zależy na tym, abyś myślał w określony sposób. Ich sądy, opinie i poglądy stoją w rażącej sprzeczności z twym doświadczeniem, ty jednak, nie chcąc dopuścić do siebie, że twoi nauczyciele się mylą, wmawiasz sobie, że to z twoim doświadczeniem jest coś nie tak. Doprowadziło to do tego, że sprzeniewierzyłeś się swej prawdzie w tej dziedzinie, co przynosi opłakane skutki.

Podobnie ma się rzecz z pieniędzmi. Za każdym razem kiedy miałeś mnóstwo pieniędzy, czułeś się wspaniale. Czułeś się świetnie, gdy je dostałeś i gdy je wydawałeś. Nie było w tym nic złego, moralnie nagannego. Mimo to tak głęboko przesiąkłeś cudzymi naukami dotyczącymi pieniędzy, że odrzuciłeś **własne doświadczenie** na korzyść ich „prawdy".

Po uznaniu tej „prawdy" za swoją, otoczyłeś ja myślami – myślami, które mają charakter twórczy. Stworzyłeś w ten sposób wokół pieniędzy własną rzeczywistość, która je od ciebie odsuwa – albowiem dlaczego miałbyś przyciągać coś, skoro jest to złe?

To zadziwiające, że taką samą sprzeczność przypisałeś Bogu. Wszystko, czego sercem doświadczasz o Bogu, mówi ci, że Bóg jest dobry. Wszystko, czego dowiadujesz się o Bogu od swych nauczycieli, mówi ci, że Bóg jest zły. Serce podpowiada ci, że Boga można kochać bez lęku. Nauczyciele głoszą, że Boga należy się bać, gdyż jest mściwy. Powiadają, że trzeba żyć w bojaźni Bożej. Trzeba drżeć w obliczu Boskości. Przez całe życie winieneś się lękać sądu Pańskiego, albowiem Pan jest „sprawiedliwy", jak mówią. To nie przelewki zaznać straszliwej sprawiedliwości Boskiej. Dlatego musisz być „posłuszny" Bożym przykazaniom, bo inaczej...

Przede wszystkim nie wolno ci zadawać logicznych pytań, na przykład: „Jeśli Bóg wymaga ścisłego podporządkowania się Jego Prawom, to dlaczego stworzył możliwość pogwałcenia tych Praw?" Po to, aby dać ci „wolny wybór" – rzecze na to zgodny chór nauczycieli. Ale co to za wolny wybór, jeśli wybierając jedną z możliwości skazujesz się na potępienie? Gdzie tu „wolna wola", skoro musisz spełniać wolę kogo innego? Ci, co głoszą te nauki, czynią z Boga obłudnika.

Powiadają ci, że Bóg to przebaczenie, miłosierdzie – ale jeśli nie poprosisz Go o wybaczenie w „odpowiedni sposób", jeśli nie zwrócisz się do Niego „właściwie", twoja prośba nie zostanie wysłuchana, twoje wołanie przejdzie bez echa. Ale nawet to nie byłoby jeszcze takie złe, gdyby istniał tylko jeden właściwy sposób, lecz „jedynie słusznych dróg" jest tyle, co głoszących je nauczycieli.

Większość z was trawi więc swe dojrzałe lata na szukaniu „odpowiedniego" sposobu oddawania czci, podporządkowania się i służenia Bogu. **Sęk w tym, że Ja nie chcę, abyś mnie czcił, nie potrzebuję twojego posłuszeństwa i wcale nie musisz Mi służyć.**

Tego rodzaju postawy żądali od swych poddanych dawni władcy – podszyci lękiem, despotyczni i egocentryczni. W żadnej mierze nie są to Boskie wymagania – i doprawdy aż dziw bierze, że świat nie doszedł jeszcze do wniosku, iż to blaga, nie mająca nic wspólnego z potrzebami czy pragnieniami Boga.

Bóg nie ma żadnych potrzeb. Wszystko, Co Jest, jest właśnie tym: czyli wszystkim. Toteż siłą rzeczy niczego mu nie brak, niczego mu nie potrzeba.

Jednak jeśli postanawiasz wierzyć w Boga, który czegoś **potrzebuje** – i czuje się urażony, kiedy tego nie dostaje i karze tych, którzy jakoś zawiedli jego oczekiwania – w takim wypadku Bóg, w którego postanowiłeś wierzyć, jest Bogiem o wiele mniejszym ode Mnie. Zaiste jesteście Dziećmi Gorszego Boga.

Chciałbym was zapewnić raz jeszcze, dzieci moje, za pośrednictwem tej książki, że nie mam żadnych potrzeb. Niczego od nikogo nie wymagam.

Nie znaczy to, że jestem wolny od **pragnień.** Pragnienia i potrzeby to nie to samo (choć wielu z was zatraciło obecnie to rozróżnienie).

Pragnienie daje początek wszelkiemu tworzeniu. To pierwotna myśl. To wspaniałe uczucie w głębi duszy. To Bóg, decydujący o tym, co stworzyć nowego.

Jakie zatem ma pragnienia Bóg?

Po pierwsze, pragnę poznać i doświadczyć siebie, w całej Mej chwale – poznać, Kim W Istocie Jestem. Zanim wymyśliłem was – i wszystkie istniejące światy – było to niemożliwe.

Po drugie, pragnę, abyście wy również poznali i doświadczyli, Kim W Istocie Jesteście, dzięki mocy, jaką wam dałem, mocy tworzenia i doświadczania siebie w dowolny wybrany przez was sposób.

Po trzecie, jest też moim pragnieniem, aby cały proces życia był nieustanną radością, ciągłym tworzeniem, nie kończącym się rozwojem i całkowitym spełnieniem w każdej chwili Teraz.

Ustanowiłem doskonały system umożliwiający realizację tych pragnień. Urzeczywistniają się one w tym momencie. Tyle że Ja o tym wiem, a ty nie – taka jest między nami różnica.

Z chwilą uzyskania totalnego wglądu (który może stać się twym udziałem w każdej chwili) ty również poczujesz się tak, jak Ja czuję się przez cały czas: przepełniony radością, miłością, akceptacją, wdzięcznością i błogością.

Stanowią one **Pięć Boskich Przymiotów,** i zanim dobiegnie końca nasz dialog, pokażę ci, w jaki sposób przyjęcie ich w twoim życiu może doprowadzić cię do Boskości.

Oto długa odpowiedź na krótkie pytanie dotyczące wartości.

Tak, nie wyrzekaj się swych wartości – tak długo, jak będą ci dobrze służyły. Sprawdzaj jednak, czy owe wartości, którym jesteś oddany, wnoszą w obręb twego doświadczenia najszczytniejsze i najlepsze mniemanie, jakie kiedykolwiek o sobie miałeś.

Przyjrzyj się im dokładnie. Wystaw je na widok publiczny. Jeśli potrafisz ogłosić światu, kim jesteś i co wyznajesz, bez wahania, wówczas osiągniesz zadowolenie z siebie. Nie ma powodu, abyś kontynuował tę rozmowę ze Mną, ponieważ stworzyłeś Jaźń – i doświadczenie dla Jaźni – której nie trzeba już poprawiać. Dostąpiłeś doskonałości. Odłóż tę książkę.

Moje życie jest dalekie od ideału. Nie jestem doskonały, stanowię w istocie zlepek niedoskonałości.

Z całego serca chciałbym móc wyzbyć się tych wad, poznać przyczyny mych zachowań, dowiedzieć się, co ściąga na mnie niepowodzenia, hamuje mnie. To dlatego, jak sądzę, zwróciłem się do Ciebie. Nie umiałem o własnych siłach znaleźć odpowiedzi.

Cieszę się, że do Mnie przyszedłeś. Zawsze byłem gotów ci pomóc, teraz też. Nie musisz w pojedynkę szukać odpowiedzi. Nigdy nie musiałeś.

Mimo to wydaje się... ***zarozumialstwem****... ot takie sobie mówienie do Boga – a do tego Ty odpowiadasz – to czyste szaleństwo.*

Rozumiem. Autorzy Biblii byli wszyscy przy zdrowych zmysłach, a ty jeden zwariowałeś.

Ewangeliści byli świadkami życia Chrystusa i wiernie zapisywali to, co słyszeli i widzieli.

Zgłaszam poprawkę. Większość autorów ksiąg Nowego Testamentu nigdy nie spotkała ani nie widziała Jezusa. Żyli wiele lat później. Nie rozpoznaliby Jezusa z Nazaretu, nawet gdyby wpadli na niego na ulicy.

Ale...

Biblijni pisarze byli żarliwymi wyznawcami i świetnymi historykami. Czerpali z opowieści, jakie przekazywane były przez starsze pokolenia, aż sporządzony został ostateczny zapis.

Nie wszystko zresztą z tego, co spisali, trafiło do końcowego dokumentu.

Wokół nauk Jezusa zdążyło powstać wiele „kościołów" i – jak zazwyczaj to się dzieje, gdy ludzi gromadzi potężna idea – trafiały się jednostki, decydujących w obrębie tych kościołów czy enklaw, które elementy historii Jezusa mogą zostać opowiedziane – i jak. Selekcja i redakcja zachodziły na wszystkich etapach powstawania Nowego Testamentu.

Jeszcze wiele stuleci po spisaniu pierwotnych ksiąg Wielki Sobór Kościoła określił po raz kolejny, jakie prawdy i doktryny powinny być zawarte w ówczesnej oficjalnej Biblii, a jakich ujawnienie byłoby „niezdrowe" bądź „przedwczesne".

Istnieją też inne święte pisma – spisane w chwilach natchnienia przez skądinąd zwyczajnych ludzi, z których żaden, tak jak i ty, nie był szalony.

Nie chcesz chyba przez to powiedzieć, że te dialogi któregoś dnia staną się świętą księgą?

Moje dziecko, wszystko w życiu jest święte. Dlatego te pisma także są święte. Ale nie będę się spierał o słowa, gdyż wiem, co masz na myśli.

Nie, nie sugeruję, że ten rękopis kiedyś stanie się świętą księga. Przynajmniej przez kilkaset lat albo dopóki ten język nie wyjdzie z użycia.

Problem polega na tym, że język, jakim się tu posługujemy, jest zbyt potoczny, zbyt współczesny. Ludzie zakładają, że Bóg, jeśli przemówi wprost, nie będzie brzmiał jak sąsiad zza ściany. Jego mowa powinna cechować się jakaś sztywną formą. Godnością. Poczuciem Boskości.

Ludziom wydaje się, że Bóg ukazuje się tylko w jakiejś jednej postaci. Cokolwiek odbiega od niej, zakrawa na bluźnierstwo.

Ale wróćmy do sedna rzeczy. Dlaczego uważasz, że to wariactwo prowadzić rozmowę Bogiem? Czyżbyś nie wierzył w modlitwę?

Modlitwa to co innego. To przekaz w jedną stronę. Ja proszę, a Bóg się nie odzywa.

Nigdy nie odpowiedział na twą modlitwę?

Odpowiedział, ale nigdy za pomocą słów. *Wiele rzeczy przydarzyło mi się w życiu, co do których byłem przekonany, że stanowią odpowiedź na modlitwy. Ale Bóg nigdy do mnie nie* ***przemówił***.

Rozumiem. Więc taki jest Bóg twojej wiary – ten Bóg może wszystko, tylko nie może przemówić.

Ależ może, jeśli chce. Po prostu wydaje mi się mało prawdopodobne, aby Bóg zechciał odezwać się właśnie do mnie.

W tym tkwi sedno wszelkich problemów, jakie napotykasz w życiu – nie uważasz się za godnego tego, by Bóg chciał do ciebie przemówić.

Wielkie nieba, jak w ogóle możesz spodziewać się usłyszeć Mój głos, jeśli w swoim przekonaniu nie zasługujesz na to, abym się do ciebie odezwał?

Oświadczam ci: Oto sprawiam cud w tejże chwili. Albowiem zwracam się nie tylko do ciebie, ale do każdego, kto sięgnął po tę książkę i czyta te słowa.

Przemawiam do każdego z nich. Wiem, kim on jest. Już teraz wiem, kto jeszcze dotrze do mych słów – i wiem też (wzorem innych Mych przekazów), że niektórzy je usłyszą – inni zaś będą słuchać, ale nie usłyszą nic.

To wiąże się z jeszcze jedną sprawą. Otóż noszę się z zamiarem wydania tych dialogów drukiem, myślę o tym w trakcie ich spisywania.

I co w tym „złego"?

Można by mnie posądzić o chęć zysku. Czy to nie stawia całego przedsięwzięcia w podejrzanym świetle?

Czy powodem, dla którego piszesz, jest zbicie majątku?

Nie. Nie o to mi chodziło. Zabrałem się do pisania, ponieważ od trzydziestu lat dręczą mnie pytania, pytania, na które muszę znaleźć odpowiedzi. Pomysł, aby zrobić z tego książkę, przyszedł mi do głowy później.

To Ja ci go podsunąłem.

Ty?

Tak. Nie sądzisz chyba, że pozwoliłbym na zmarnowanie wszystkich tych cudownych pytań i odpowiedzi, co?

Nie zastanawiałem się nad tym. Na początku chciałem tylko odpowiedzi, miałem dość wiecznej frustracji i ciągłych poszukiwań.

Świetnie. Zatem przestań podawać w wątpliwość swoje intencje (robisz to nieustannie) i zabierzmy się wreszcie do dzieła.

3

Nasuwa mi się sto, tysiąc, ***milion*** *pytań. Sam nie wiem, od czego zacząć.*

Po prostu ułóż listę. Zrób **pierwszy krok.** No, śmiało, dalej. Wymień po kolei pytania, jakie przychodzą ci na myśl.

Dobrze. Niektóre z nich wydadzą się naiwne, dość prostackie.

Skończ wreszcie z tą samokrytyką. Po prostu je wymień.

Cóż, w takim razie oto pytania, które mi się nasuwają.

1. *Kiedy moje życie nabierze w końcu rozpędu? Czego potrzeba, aby „zebrać je do kupy" i odnieść nawet skromny sukces? Czy ta szarpanina kiedykolwiek się skończy?*
2. *Czy kiedykolwiek poznam sekret tworzenia harmonijnych związków? Czy możliwy jest szczęśliwy związek z drugą osobą? Dlaczego związki muszą przynosić nam wciąż nowe wyzwania?*
3. *Dlaczego nigdy nie udaje mi się zarobić większych pieniędzy? Czy przeznaczone mi jest klepanie biedy do końca życia? Co przeszkadza mi w zrealizowaniu w pełni mego potencjału w tej dziedzinie?*

4. *Dlaczego nie mogę robić w życiu tego, na co naprawdę mam ochotę, i utrzymywać się z tego?*
5. *Jak mam uporać się ze swoimi zdrowotnymi kłopotami? Chronicznych dolegliwości mam już tyle, że starczyłoby na całe życie z nawiązką. Dlaczego doświadczam ich wszystkich teraz?*
6. *Jaką karmiczną naukę mam z tego wynieść? Co próbuję opanować?*
7. *Czy istnieje reinkarnacja? Ile mam już za sobą przeszłych żywotów? Czym byłem poprzednio? Czy „karmiczny dług" to prawda?*
8. *Czasami odczuwam wrażliwość pozazmysłową. Czy jest coś takiego jak „wrażliwość pozazmysłowa"? Czy to właśnie odczuwam? Czy ludzie obdarzeni tą wrażliwością „wchodzą w konszachty z diabłem"?*
9. *Czy jest w porządku przyjmowanie pieniędzy za czynienie dobra? Na przykład jeśli postanowię zająć się uzdrawianiem – Bożym dziełem – czy mogę to robić i jednocześnie wzbogacić się finansowo? Czy te dwie rzeczy wzajemnie się wykluczają?*
10. *Czy seks jest w porządku? O co tak naprawdę chodzi w tym ludzkim doświadczeniu? Czy seks służy wyłącznie prokreacji, jak głoszą niektóre religie? Czy prawdziwą świętość i oświecenie osiąga się przez wyrzeczenie się – lub sublimację – energii seksualnej? Czy można iść z kimś do łóżka bez miłości? Czy samo fizyczne doznanie stanowi wystarczające uzasadnienie tego aktu?*
11. *Dlaczego uczyniłeś sferę erotyki tak rozkosznym i potężnym doznaniem, jeśli mamy trzymać się od niej z daleka na ile tylko się da. Dlaczego, skoro już o tym mowa, wszystkie przyjemne rzeczy są albo „niemoralne, nielegalne albo tuczące"?*

12. *Czy istnieje życie na innych planetach? Czy mieliśmy już gości z kosmosu? Czy przyglądają nam się teraz? Czy za naszego życia ujrzymy niepodważalne dowody na istnienie pozaziemskiej inteligencji? Czy każda odrębna forma życia ma swojego Boga? Czy Ty jesteś Bogiem Wszechrzeczy?*
13. *Czy spełni się kiedyś na Ziemi utopia? Czy Bóg objawi się ludzkości zgodnie z obietnicą? Czy nastąpi Powtórne Przyjście? Czy nastanie koniec świata – albo apokalipsa, którą wróży Biblia? Czy jest jakaś jedna prawdziwa religia? Jeśli tak, to która?*

To zaledwie garść pytań. Jak już mówiłem, mam ich setki. Niektóre z nich mnie zawstydzają – wydają się takie uczniowskie. Ale odpowiedz na nie, proszę, po kolei.

Dobrze. Wreszcie przechodzimy do rzeczy. I nie wstydź się swoich pytań. Zadawali je mężczyźni i kobiety od stuleci. Gdyby były głupie, nie stawiałoby ich na nowo każde kolejne pokolenie. Zacznijmy od pytania numer jeden.

Ustanowiłem we wszechświecie Prawa, które pozwalają ci mieć – tworzyć – dokładnie to, co wybierzesz. Tych Praw naruszyć nie sposób, nie można też ich ominąć. Stosujesz się do nich nawet w tej chwili, czytając to. Prawa nie da się uniknąć, gdyż na Nim wszystko się zasadza. Nie możesz wyrwać się poza Prawo; nie możesz działać poza Jego obrębem.

W każdej minucie życia pozostawałeś w ramach Prawa – i wszystko, czego doświadczyłeś, sam przywołałeś.

Jesteś moim wspólnikiem. Łączy nas odwieczne przymierze. Ja przyrzekłem ci dawać, ilekroć Mnie o coś poprosisz. Ty przyrzekłeś prosić, a także zrozumieć, na czym polega mechanizm otrzymywania.

Już raz ci to wyjaśniłem. Zrobię to ponownie, abyś miał jasne o tym pojęcie.

Jesteś istotą troista. Składasz się z **ciała, umysłu i ducha.** Można te składniki nazwać też odpowiednio **fizycznym, nie-fizycznym i meta-fizycznym. Oto Święta Trójca, której nadawano przeróżne miana.** Tym, czym ty jesteś, Ja jestem. Objawiam się jako W-Trójcy-Jedyny. Niektórzy teologowie nazywają to Trójca Ojca, Syna i Ducha Świętego.

W psychiatrii mówi się o świadomości, podświadomości i nadświadomości. Filozofowie określają to jako id, ego i superego. Nauka wyróżnia energie, materie i antymaterie. Poeta nazywa to umysłem, sercem i duszą. Myśliciele Nowej Ery wskazują na ciało, umysł i ducha. Wasz czas dzieli się na przeszłość, teraźniejszość i przyszłość. Czy nie odpowiada to podświadomości, świadomości i nadświadomości?

Podobnie przestrzeń istnieje jako to, co tutaj, to, co tam, i to, co pomiędzy.

Właśnie określenie i opisanie tej „przestrzeni pomiędzy" jest trudne. W chwili kiedy zaczynasz opisywać tę przestrzeń, ona się wymyka, stając się „tutaj" albo „tam". Mimo to nie można zaprzeczyć, że ta „przestrzeń pomiędzy" istnieje. Wyznacza ona „tu" i „tam" – podobnie jak wieczne teraz wyznacza „przedtem" i „potem".

Te trzy aspekty twej istoty to właściwie trzy rodzaje energii. Można je nazwać **myślą, słowem i czynem.** Razem wytwarzają **skutek,** który w twoim języku i pojęciu określany jest jako uczucie lub doznanie.

Twoja dusza (podświadomość, duch, id, przeszłość) **to łączna suma wszystkich uczuć, jakie miałeś** (wytworzyłeś). Pamięć to świadomość części z nich.

Proces tworzenia zaczyna się od myśli – idei, koncepcji, wyobrażenia. To, co widzisz dookoła siebie, było najpierw pomysłem w czyjejś głowie. W twoim świecie nie może zaistnieć nic, co pierwotnie nie istniało w postaci czystej myśli.

To prawda również w odniesieniu do wszechświata.

Myśl jest pierwszym etapem tworzenia.

Potem przychodzi **słowo.** Cokolwiek powiesz, wyrażasz jakąś myśl. Słowo jest twórcze i śle w kosmos twórczą energię. Słowa są bardziej dynamiczne (można by powiedzieć, bardziej twórcze) od myśli, stanowią bowiem wibracje innego rzędu. Z większą siłą wpływają na wszechświat, zaburzają, zmieniają.

Słowa to drugi etap tworzenia.

Po nich następuje **czyn.**

Czyny to słowa w ruchu. Słowa to wyrażone myśli. Myśli to ukształtowane idee. Idee to zespolone energie. Energie to uwolnione siły. Siły to istniejące elementy. Elementy to cząstki Boga, odłamki Całości, tworzywo wszystkich rzeczy.

Początkiem jest Bóg. Końcem jest czyn. Czyn to Bóg w trakcie tworzenia – albo Bóg doświadczany.

Myślisz o sobie, że nie jesteś dość dobry, wspaniały, bezgrzeszny, aby być częścią Boga, Jego wspólnikiem. Tak długo wypierałeś się tego, Czym W Istocie Jesteś, że w rezultacie **zapomniałeś** swą prawdziwą istotę.

Nie jest to dzieło przypadku, niefortunny zbieg okoliczności. Wszystko to przewidział Boski plan, albowiem nie mógłbyś dochodzić do tego, stwarzać, doświadczać. Czym W Istocie Jesteś, gdybyś tym już był. Najpierw trzeba było, abyś zerwał (zapomniał, zanegował) więzy ze mną, aby móc w pełni ich doświadczyć powołując je do istnienia. Gdyż największym twoim życzeniem – i Moim pragnieniem – było doświadczenie siebie jako cząstki Boga, którym jesteś. Dlatego doświadczasz, Kim Jesteś, stwarzając się na nowo w każdej poszczególnej chwili. Tak jak Ja. Za twoim pośrednictwem.

Czy dostrzegasz ten układ? Czy pojmujesz jego następstwa? Zaiste, to święta wspólnota – święta komunia.

Toteż życie nabierze dla ciebie „rozpędu" w chwili, kiedy o tym zadecydujesz. Do tej pory nie dokonałeś tego wyboru. Przekładałeś, przeciągałeś, zwlekałeś, złorzeczyłeś. Teraz nadszedł czas urzeczywistnić to, co zostało ci przyrzeczone. Aby to się stało, musisz uwierzyć w obietnicę i nią żyć. **Musisz żyć Bożą obietnicą.**

Boska obietnica mówi, że jesteś Jego synem. Jego potomkiem. Podobieństwem. Równy Bogu.

I oto wszystko się rozbija. Możesz pogodzić się z „synostwem Bożym", „podobieństwem", ale wzdragasz się przed uznaniem się za „równego Bogu". To zbyt wiele do przełknięcia. Za duży zaszczyt – za duża **odpowiedzialność.** Jeśli jesteś równy Bogu, oznacza to, że nie jesteś odbiorcą, lecz sprawcą wszystkiego, co się przytrafia. Nie ma ofiar i winowajców – pozostają tylko skutki twoich myśli o danej rzeczy.

Powiadam ci: wszystko, co dostrzegasz w świecie, stanowi pochodną twoich o nim wyobrażeń.

Czy chcesz, aby twoje życie „rozkręciło się na dobre"? W takim razie zmień swoje myślenie o nim.

O sobie samym. Myśl, mów i działaj jak Bóg, **Którym Jesteś.**

Taka postawa, rzecz jasna, odsunie od ciebie wielu bliźnich. Nazwą cię szalonym. Posądzą o bluźnierstwo. W końcu przestaną cię tolerować i spróbują ukrzyżować.

Postąpią tak nie dlatego, że, ich zdaniem, żyjesz w świecie własnych złudzeń (prywatne fantazje są na ogół dozwolone), lecz dlatego, że prędzej czy później twoja prawda przyciągnie innych – dzięki obietnicom, jakie dla nich zawiera.

To z tego powodu twoi bliźni wkroczą do akcji – gdyż będziesz stanowić dla nich zagrożenie. Twoja prosta prawda, poparta skromnym życiem, swoim pięknem, pociechą, pokojem, radością, miłością własną i bliźniego przewyższy bowiem wszystko, co zdolni są przedstawić twoi ziemscy bracia.

Przyjęcie tej prawdy położy kres ich zwyczajom i postawom. Oznaczać będzie koniec nienawiści, wojen, strachu i zakłamania. Koniec potępiania i zabijania, jakiego dopuszczano się w **Moje imię.** Koniec prawa pięści. Koniec wymuszonej strachem lojalności i posłuszeństwa. Koniec znanego im świata – i świata, jaki do tej pory ty też współtworzyłeś.

Gotuj się więc, duszo. Albowiem oplują cię i znieważą, obrzucą wyzwiskami, porzucą i na koniec oskarżą i skażą – a tylko dlatego, że oddałaś się swej świętej sprawie – urzeczywistniania Jaźni.

Dlaczego więc warto się tego podjąć?

Dlatego, że przestało cię już obchodzić uznanie czy przyzwolenie świata. Przestały cię zadowalać efekty zabiegania o jego poklask. Przestało ci się podobać to, co przyniosło innym. Chcesz przerwać cierpienie, rozwiać złudzenie. Nie odpowiada ci świat w swym obecnym kształcie. Szukasz nowego, wspaniałego świata.

Przestań szukać. Powołaj go do istnienia.

Czy mógłbyś wyjaśnić, na czym to polega?

Owszem. Przede wszystkim, musisz oprzeć się na Najwyższej Myśli na temat samego siebie. Wyobraź sobie, jaki byś był, gdybyś żył tą myślą każdego dnia. Wyobraź sobie swoje myśli, uczynki, słowa, a także reakcje na to, co robią i mówią inni. Czy dostrzegasz różnice między tą projekcją a tym, co myślisz, robisz i mówisz obecnie?

Tak, i to sporą.

Świetnie. Powinieneś to widzieć, ponieważ w tej chwili twoje życie mocno odbiega od tego, jaki jesteś w swej najwspanialszej wizji. 'Teraz, kiedy już ujrzałeś rozziew między tym, gdzie jesteś, a tym, gdzie chciałbyś dotrzeć, zacznij zmieniać – świadomie zmieniać – swoje myśli, słowa i uczynki, aby były godne twego najszczytniejszego wyobrażenia.

Wymagać to będzie ogromnego wysiłku, umysłowego i fizycznego. Oznaczać będzie ciągłe śledzenie każdego zachowania, wypowiedzi, reakcji. Polegać będzie na nieustannym dokonywaniu wyborów – przemyślanych. Całe to przedsięwzięcie stanowi wielki krok ku świadomości. Jeśli podejmiesz się tego dzieła, przekonasz się, że **połowę swego życia spędziłeś w nieświadomości.** To znaczy, nie zdając sobie w pełni sprawy, jakie **wybierasz myśli, uczynki i słowa,** dopóki na własnej skórze nie zaznasz ich konsekwencji. Wówczas, kiedy doświadczysz skutków, zaprzeczysz temu, że twoje zachowania, wypowiedzi, reakcje miały z tym jakikolwiek związek.

Oto wezwanie do przebudzenia się z życia w nieświadomości. Oto wyzwanie, jakie stawia przed tobą twoja dusza od zarania czasu.

Taki ciągły nadzór umysłowy może być okropnie męczący.

Zgadza się, dopóki nie stanie się drugą naturą. W gruncie rzeczy to jest twoja druga natura. Pierwszą naturą jest bezwarunkowa miłość. Drugą naturą jest dawanie wyrazu pierwszej, tej prawdziwej i miłującej, w sposób świadomy.

Mimo wszystko jednak, czy to nieustanne cenzurowanie wszystkiego, co myślę, robię i mówię, nie zamieni mnie w „nudziarza"?

Nigdy. W inną osobę – tak, ale nie w nudną. Czy Jezus był nieciekawą postacią? Raczej nie. Czy w obecności Buddy ludzie się nudzili? Przepychali się, błagali o to, aby przebywać w jego towarzystwie. Żaden Mistrz nie jest nudny. Może niezwykły. Może nadzwyczajny. Ale nigdy nie nudny.

Więc chcesz, aby twoje życie „nabrało rozpędu?" Zacznij od zaraz wyobrażać sobie je tak, jak chcesz, aby wyglądało – i oddaj się temu. Sprawdzaj każdą myśl, słowo, czyn, które nie są z tym zgodne. Odsuń je od siebie.

Kiedy najdzie cię myśl, która nie pasuje do twej najwyższej wizji, **zmień ją na nową,** natychmiast. Kiedy powiesz coś, co kłóci się z twą najszczytniejszą ideą, pamiętaj, aby więcej czegoś takiego nie mówić. Gdy zrobisz coś wbrew swym najlepszym intencjom, przyrzeknij sobie, że zdarzyło się to po raz ostatni, i napraw szkodę, jeśli to możliwe.

Słyszałem to już wcześniej i zawsze burzyłem się przeciw temu, gdyż wydaje mi się to po prostu nieuczciwe. To znaczy, jeśli coś ci dolega, nie wolno ci się do tego przyznawać. Jeśli jesteś bez grosza, nie wolno ci o tym wspominać. Jeśli jesteś wściekły jak cholera, nie wolno ci tego okazywać. Przypomina się dowcip o ludziach posłanych do piekła: katoliku, żydzie i człowieku New Age. „No i jak ci się podoba ten żar?", pyta diabeł drwiąco katolika. „Składam go Panu w ofierze", odpowiada katolik pociągając nosem. Pyta diabeł żyda: „A tobie jak się podoba ten żar?" „A cóż więcej można się spodziewać po piekle?", mówi żyd. Na koniec diabeł zwraca się do człowieka New Age. „Żar?", odpowiada zapytany. „Jaki żar?"

Dobre. Ale ja nie mówię o ignorowaniu problemu czy o udawaniu, że go nie ma. Chodzi o to, aby dostrzec swoje położenie, a następnie przyłożyć do tego najwyższą prawdę o sobie.

Jeśli jesteś bez grosza, to jesteś bez grosza. Kłamanie nie ma sensu, a ukrywanie prawdy za zręcznymi historyjkami na dłuższą metę wyczerpuje twoje siły. Jednak o tym, jak doświadczasz swego stanu „spłukania", decyduje twój osąd – „Być bez grosza jest złe", „To straszne", „Jestem do niczego, gdyż porządni ludzie pracują i zawsze mają trochę forsy". Twoje słowa – „Jestem spłukany", „Nie mam ani grosza" – wpływają na to, jak długo pozostajesz bez pieniędzy. To twoje wynikłe stad postępowanie – użalanie się nad sobą, wysiadywanie w przygnębieniu, nieszukanie dróg wyjścia, „bo i tak to nic nie da" – stwarza twoją rzeczywistość.

Trzeba przede wszystkim zrozumieć, że we wszechświecie żaden stan nie jest „dobry" czy „zły". Po prostu jest. Więc przestań wydawać wartościujące sądy.

Po drugie, **wszelkie stany są tymczasowe. Nic nie jest wiecznie takie samo, nic nie pozostaje w bezruchu. To, na co się zmieni, zależy od ciebie.**

Przepraszam, ale znów muszę zgłosić sprzeciw. Co z osobą, która jest chora, ale ma wiarę, która poruszy górę – więc myśli, mówi i wierzy, że wyzdrowieje... a tymczasem sześć tygodni później umiera. Jak to się ma do tego pozytywnego myślenia, tej gadaniny o konstruktywnym działaniu?

Świetnie, świetnie. Stawiasz trudne pytania, ale to dobrze. Nie wystarczają ci Moje zapewnienia. Kiedyś nastąpi taka chwila, że będziesz musiał uwierzyć Mi na słowo – gdyż przekonasz się, że nie pozostanie ci nic innego jak spróbować lub odrzucić. Ale jeszcze do tego nie doszliśmy. Więc możemy dalej rozmawiać, prowadzić ten dialog.

Osoba, która ma „wiarę zdolną poruszyć górę" i umiera sześć tygodni później, przesuwała góry przez sześć tygodni. Może to wydało się jej dość długo. Może w ostatniej godzinie swego życia uznała, że „czas na kolejną przygodę". Ty mogłeś o tym nie wiedzieć, ponieważ nie oznajmiła ci swej decyzji. Prawda jest taka, że mogła decyzję podjąć znacznie wcześniej, ale nikogo o tym nie powiadomiła.

W waszym społeczeństwie jest nie do pomyślenia, aby ktoś chciał umrzeć. Pogodzić się ze śmiercią jest bardzo nie w porządku. Ponieważ sam nie chcesz umierać, trudno ci zrozumieć, że ktoś inny może tego pragnąć – bez względu na okoliczności.

Jednak w wielu sytuacjach śmierć jest lepszym rozwiązaniem – potrafiłbyś sobie je wyobrazić, gdybyś tylko zechciał to rozważyć. Ale prawdy te jakoś ci umykają – nie należą do tych, które same się narzucają – gdy spoglądasz w twarz umierającej osobie, która postanowiła odejść. Ona zdaje sobie z tego sprawę, wie, że nikt z zebranych u jej łoża tej decyzji by nie zaakceptował.

Czy zauważyłeś, jak wielu ludzi czeka, aż pokój się opróżni, i dopiero wtedy umiera? Niektórzy zmuszeni są nawet odesłać swoich bliskich – „Odejdźcie już, proszę. Idźcie coś zjeść." Albo – „Zdrzemnij się trochę. Nic mi nie jest. Zobaczymy się rano." A kiedy wierny strażnik odchodzi, dusza opuszcza ciało strzeżonego.

Gdyby oświadczyli swojej rodzinie i przyjaciołom – „Po prostu chcę umrzeć" – dopiero by im się dostało. „Chyba nie mówisz poważnie", „Przestań tak mówić", „Zostań, proszę, nie zostawiaj mnie".

Lekarzy szkoli się, aby utrzymywali ludzi przy życiu, nie uczy się ich zapewniania ludziom spokoju, aby mogli godnie umrzeć.

Musisz wiedzieć, że dla lekarza czy pielęgniarki zgon oznacza porażkę. Dla przyjaciela czy krewnego jest nieszczęściem. Tylko duszy śmierć przynosi ulgę – wyzwolenie.

Najlepiej możemy przysłużyć się umierającemu pozwalając mu spokojnie odejść – a nie każąc mu „się trzymać", trwać w cierpieniu albo martwić się **tobą** w tej przełomowej chwili.

Zdarza się często, że ktoś, kto mówi, że będzie żył, wierzy, że będzie żył, nawet modli się o to, w głębi duszy wcześniej zmienił już zdanie. Przyszedł czas oderwać się od ciała, aby dusza mogła się zająć czym innym. Postanowienia duszy ciało w żaden sposób zmienić nie może. Umysł też nie jest w stanie na to wpłynąć. Właśnie w chwili śmierci dowiadujemy się, kto naprawdę rządzi w tym trójprzymierzu ciała, umysłu i duszy.

Przez całe życie utożsamiasz się z ciałem. Są chwile, kiedy myślisz, że ty to twój umysł. Jednak dopiero kiedy umierasz, poznajesz swą prawdziwą istotę.

Zdarza się, że ciało i umysł po prostu **nie słuchają** duszy. Sztukę wsłuchania się w duszę ludziom opanować jest bardzo ciężko. Tylko nielicznym się to udaje.

Dochodzi więc do momentu, w którym dusza uznaje, że nadeszła pora, aby opuścić ciało. Słyszą to ciało i umysł – jej sługi – i zaczyna się proces rozłączania. Ale umysł (ego) nie chce się z tym pogodzić. Oznacza to przecież kres jego istnienia. Każe więc ciału stawić opór śmierci. Ciało czyni to z ochotą, gdyż także nie spieszno mu umierać. Ciało i umysł (ego) zachęcane i wspierane są przez świat zewnętrzny – świat będący ich wytworem. I w ten sposób strategia się utwierdza.

W takiej chwili wszystko zależy od tego, jak bardzo zależy duszy na tym, aby się uwolnić. Jeśli nie ma wielkiego pośpiechu, może uznać „W porządku, wasze na wierzchu. Jeszcze trochę z wami zostanę." Jeśli jednak ma jasną świadomość, że dalszy pobyt nie służy jej wyższym celom – że nie sposób dalej **ewoluować** w tym ciele – odejdzie i żadna siła jej nie powstrzyma.

Dusza doskonale wie, że jej zadaniem jest ewoluowanie. Nie obchodzę jej dokonania ciała czy rozwój umysłowy. To sprawy dla niej bez znaczenia.

Dusza pojmuje też wyraźnie, że porzucenie ciała nie jest wielką tragedią. Pod wieloma względami tragedią jest bycie w ciele. Toteż umieranie postrzega ona zupełnie inaczej. Życie też, rzecz jasna, widzi odmiennie – i stąd biorą się w dużej mierze frustracja i niepokój, nękające nas na co dzień. Rodzą się one w nas, gdy przestajemy słuchać duszy.

Jak należy słuchać duszy? Jeśli to dusza rządzi, jak mogę mieć pewność, że odbieram jej zalecenia?

Możesz zacząć od jasnego ustalenia, o co duszy chodzi – i przestać ją osądzać?

Czyżbym osądzał własną duszę?

Bez przerwy. Właśnie unaoczniłem ci, w jaki sposób karcisz się za pragnienie śmierci. Karcisz się również za to, że pragniesz żyć – prawdziwie żyć. Za to, że masz ochotę się śmiać, płakać, zwyciężać, przegrywać. Za to, że chcesz zaznać radości i miłości – zwłaszcza za to się osądzasz.

Naprawdę?

Przejąłeś skądś przeświadczenie, że odmawianie sobie radości jest godne, a świętowanie życie nie. Wmówiłeś sobie, że wyrzeczenie jest dobrem.

A według ciebie jest złe?

Nie jest ani dobre, ani złe, to po prostu wyrzeczenie. Jeśli odmówiwszy sobie czegoś, masz dobre samopoczucie, wówczas jest dla ciebie dobrem. Jeśli czujesz się źle, jest złe. Przeważnie jednak nie potrafisz tego określić. Wyrzekasz się jednej rzeczy, drugiej, bo podobno powinieneś. Potem mówisz, że zrobiłeś słusznie – ale dziwisz się, że twoje **odczucie** jest inne.

Na początek więc przestań siebie osądzać. Dowiedz się, czego pragnie twoja dusza, i poddaj się temu. Poddaj się swojej duszy.

Otóż pragnieniem duszy jest doznanie najbardziej wzniosłego uczucia miłości, jakie można sobie wyobrazić. Oto jej cel. Duszy chodzi o doznanie, nie o wiedzę. Wiedzę już posiada, ale wiedza ma charakter koncepcyjny. Doznanie ma charakter doświadczalny. Dusza chce siebie poczuć i w ten sposób poznać siebie **we własnym doświadczeniu.**

Najwznioślejszym uczuciem jest doznanie jedności ze Wszystkim, Co Jest. To powrót do Prawdy, za którą tęskni dusza. To uczucie doskonałej miłości.

Doskonała miłość ma się do uczucia jak doskonała biel do barwy. Powszechnie uważa się, ze biel oznacza nieobecność koloru. Ale tak nie jest. Biel zawiera w sobie wszystkie barwy. Biały to **każdy istniejący kolor,** w połączeniu.

Podobnie miłość nie oznacza braku emocji (nienawiści, złości, pożądliwości, zazdrości), ale sumę wszelkich uczuć. To wielkość niejednorodna, wszechogarniająca.

Aby dusza mogła zaznać doskonałej miłości, musi doświadczyć **każdego ludzkiego uczucia.**

Jak mogę współczuć temu, czego sam nie pojmuję? Jak mogę wybaczyć komuś coś, czego sam nie doświadczyłem na sobie? Widzimy więc zarówno prostotę jak i zatrważający ogrom drogi, jaką musi przebyć dusza. Rozumiemy wreszcie, jakie ma zadanie:

Zadaniem ludzkiej duszy jest doznanie całości – aby mogła stać się całością.

Jak może wzlecieć, jeśli nigdy nie upadła? Skąd może znać ciepło, jeśli nie poznała zimna, dobro, jeśli nie uznaje zła? Przecież dusza nie może wybrać, czym chce być, **jeśli nie ma z czego wybierać.** Aby mogła doświadczyć swej świetności, musi **poznać świetność.** Jednak poznać jej nie może, jeśli nie ma nic **oprócz świetności.** Dusza zdaje sobie więc sprawę, że świetność może zaistnieć tylko w obrębie tego, co nią **nie jest.** Dlatego nigdy nie potępia tego, co nie jest świetnością, ale błogosławi – widząc w tym cząstkę **siebie,** która **musi istnieć** po to, aby mogła się objawić jej inna część.

Zadaniem duszy jest, oczywiście, sprawić, abyśmy opowiedzieli się za świetnością – abyśmy wybrali to, co w nas najlepsze – bez osądzenia tego, cośmy pominęli.

To ogromne przedsięwzięcie, na które potrzeba wielu żywotów, albowiem wy skłonni jesteście potępiać, miast błogosławić temu, czego nie wybieracie.

Właściwie czynicie rzecz jeszcze gorszą – staracie się zaszkodzić temu, czego nie wybieracie. Dążycie do jego zniszczenia. Jeśli znajdzie się osoba, miejsce, cokolwiek, z czym się nie zgadzacie, zaraz przypuszczacie atak. Jeśli jakaś religia pozostaje w sprzeczności z waszą wiarą, odmawiacie jej racji. Jeśli jakaś myśl kłóci się z waszą, próbujecie ją ośmieszyć. Jeśli jakiś pogląd różni się od waszego, odrzucacie go. Popełniacie błąd, gdyż stwarzacie zaledwie połowę wszechświata. I nie jesteście nawet w stanie zrozumieć swojej połowy, jeśli nie przyjmujecie do wiadomości drugiej.

To wszystko jest bardzo mądre – dziękuję. Nikt jeszcze czegoś takiego mi nie przekazał. Przynajmniej tak przejrzyście. Staram się zrozumieć, naprawdę. Mimo to pewne rzeczy budzą mój opór. Na przykład twierdzisz, jak się zdaje, że powinniśmy pokochać „niegodziwe", aby poznać „godziwe". Chcesz powiedzieć, że musimy jak gdyby pojednać się z diabłem?

A jak inaczej można go uzdrowić? Rzecz jasna, prawdziwego diabła nie ma – niemniej, odpowiadam ci w kategoriach, jakimi się posługujesz.

Uzdrawianie to proces polegający na akceptacji wszystkiego i wybraniu tego, co najlepsze. Rozumiesz? Nie możesz z własnego wyboru stać się Bogiem, jeśli nie ma żadnej innej możliwości.

Oj! Chwileczkę! Kto mówi o zostaniu ***Bogiem****?*

Najwyższym uczuciem jest doskonała miłość, prawda?

Tak sądzę.

Czy jest jakiś lepszy sposób na wyrażenie istoty Boga?

Nie, chyba nie ma.

Właśnie. Twoja dusza pragnie zaznać najwyższego uczucia. Pragnie stać się doskonałą miłością.

W istocie nią jest – i **wie o tym.** Ale dąży do czegoś więcej. Chce być doskonałą miłością w swoim doświadczeniu.

Oczywiście, że pragniesz stać się Bogiem! A co innego, twoim zdaniem, miałbyś chcieć?

Nie wiem. Nie jestem pewny. Nigdy tak na to nie patrzyłem. Wydaje się to trochę bluźniercze.

To ciekawe, że nie widzisz nic bluźnierczego w upodabnianiu się do diabła, ale obraża cię myśl o byciu Bogiem.

Zaraz, zaraz! Niby kto upodabnia się do diabła?

Wy wszyscy! Wymyśliliście nawet religie, które uczą was, że rodzicie się w grzechu – **że jesteście grzesznikami już od chwili narodzin** – aby utwierdzić się w przekonaniu o własnej niegodziwości. Jednak gdybym Ja oświadczył wam, że pochodzicie od Boga – że rodzicie się jako Bogowie i Boginie – jako doskonała miłość – nie dalibyście Mi wiary.

Całe życie przekonujecie samych siebie, że jesteście źli. Nie tylko wy, ale również rzeczy, których pragniecie. Seks jest zły, radość, pieniądze, władza, posiadanie **(czegokolwiek w dużej ilości)** jest złe. Niektóre religie każą wam nawet wierzyć, że taniec jest zły, muzyka, świętowanie życia. Niedługo napiętnują śmiech, a nawet **miłość.**

Nie, mój przyjacielu. Możesz nie mieć pewności co do wielu spraw, ale jednego jesteś pewny: jesteś niegodziwy, podobnie jak większość rzeczy, których pożądasz. Tak siebie osądziwszy, postanowiłeś się poprawić.

I słusznie. W każdym razie obrałeś dobry kierunek – tyle że istnieje szybsza droga, krótsza trasa.

Mianowicie?

Zaakceptować to, Czym i Kim Jesteś, tu i teraz – i objawić to.

Tak postąpił Jezus. Tą drogą poszli Budda, Kryszna i wszyscy Mistrzowie, którzy stąpali po tej ziemi.

Przesłanie każdego z nich brzmi podobnie: Czym ja jestem, ty też jesteś. Co ja potrafię, ty również potrafisz. Te rzeczy, i więcej jeszcze, i ty będziesz czynił.

Ale wyście nie słuchali. Zamiast tego obraliście o wiele cięższą drogę, jaka czeka tego, **który sądzi, że jest diabłem, wyobraża sobie, że jest zły.**

Powiadacie, że trudno jest pójść śladem Chrystusa, stosować nauki Buddy, nieść światło Kryszny, być Mistrzem. Lecz ja wam mówię: o wiele trudniej jest wyprzeć się swej prawdziwej istoty, niż ją przyjąć.

Jesteście dobrocią i miłosierdziem, współczuciem i zrozumieniem. Jesteście pokojem, radością i światłem. Przebaczeniem i cierpliwością, siłą i męstwem. Pomocną ręką w potrzebie, pocieszycielem w smutku, uzdrowicielem w boleści, nauczycielem w godzinie zamętu. Jesteście najgłębszą mądrością i najszczytniejszą prawdą; niebiańskim pokojem i doskonałą miłością. Tym właśnie jesteście. I wiedza o tym objawiała wam się w pewnych chwilach waszego życia.

Teraz podejmijcie postanowienie, aby wiedza, iż jesteście tym wszystkim, towarzyszyła wam zawsze.

4

O kurczę! Ale mnie podniosłeś na duchu!

Cóż, jeśli nie Bóg, to kto do diabła ciebie inspiruje?

Czy zawsze się tak zgrywasz?

To nie miała być zgrywa. Przeczytaj to jeszcze raz.

Ach, rozumiem.

To w porządku. Jednak czy miałbyś coś przeciwko temu, gdybym się zgrywał?

Nie wiem. Spodziewałbym się po moim Bogu nieco więcej powagi.

Wiesz, zrób Mi przysługę – nie próbuj Mnie ograniczać. A przy okazji, wyświadcz tę samą przysługę sobie.

Tak się składa, że mam wielkie poczucie humoru. Rzekłbym, że to nieodzowne, zważywszy na to, co wy wszyscy tutaj wyprawiacie. To znaczy przychodzi chwila, że można to tylko skwitować śmiechem.

Ale nie ma w tym nic niestosownego, ponieważ wszystko i tak w końcu dobrze się ułoży.

Co masz na myśli?

W tej grze przegrać nie można. Nie można zejść na złą drogę. Tego plan nie przewiduje. Nie sposób nie dojść tam, dokąd zmierzacie. Musicie dotrzeć do miejsca przeznaczenia. Jeśli Bóg jest waszym celem, to macie szczęście – **jest tak ogromny, że musicie trafić.**

To właśnie nie daje nam spokoju. Zamartwiamy się tym, że w jakiś sposób powinie nam się noga i nie dostaniemy się przed Twoje oblicze, nie będziemy z Tobą.

Chcesz powiedzieć, że „nie pójdziecie do nieba"?

Tak. Wszyscy boimy się, że pójdziemy do piekła.

Więc aby oszczędzić sobie drogi, od razu się tam umieściliście. Hmmmmm. Osobliwa strategia.

O, znowu się zgrywasz.

Nic na to nie poradzę. Na dźwięk słowa piekło budzą się we Mnie najgorsze instynkty!

Dobre sobie, z ciebie prawdziwy komik.

Dopiero teraz na to wpadłeś? A czy przyglądałeś się ostatnio światu?

À propos świata. Dlaczego po prostu go nie naprawisz, zamiast patrzeć, jak stacza się do piekła?

A dlaczego ty tego nie zrobisz?

To nie jest w mojej mocy.

Bzdura. Macie wystarczającą moc i umiejętności już w tej chwili, aby od zaraz zakończyć powszechny głód, zwalczyć choroby. A gdybym powiedział ci, że środowisko medyczne **hamuje** leczenie, odrzuca terapie alternatywne, ponieważ godzą one w same podstawy lekarskiej profesji? A rządom państw wcale **nie zależy** na rychłym zakończeniu głodu na świecie? Uwierzyłbyś mi?

Miałbym opory. Wiem, że takie poglądy głoszą populiści, ale nie chce mi się wierzyć, że to prawda. Żaden lekarz nie sprzeciwiłby się postępowi w leczeniu. Żaden mąż stanu nie mógłby patrzeć, jak jego lud umiera z głodu.

Pojedynczy lekarz nie, to prawda. Ani pojedynczy polityk. Ale zarówno leczenie, jak i polityka stały się domeną **instytucji** i te instytucje prowadzą walkę, czasem bardzo przebiegle, czasem nawet nieświadomie, ale tego nie da się uniknąć... gdyż w grę wchodzi ich przetrwanie

Aby dać ci prosty i oczywisty przykład: lekarze na Zachodzie odmawiają skuteczności medycynie Wschodu, ponieważ jej zaakceptowanie, przyznanie, że możliwe są inne formy uzdrawiania, byłoby zamachem na samą instytucję lecznictwa.

Nie wynika to ze złej woli, niemniej jest to działanie podstępne. Środowisko medyczne nie postępuje tak, ponieważ jest złe, lecz dlatego, że się boi.

Każdy atak to wołanie o pomoc.

Czytałem to w książce „A Course in Miracles".

Ja to tam umieściłem.

Masz na wszystko odpowiedź.

Właśnie, przecież nie skończyłem odpowiadać na twoje pytania. Mówiliśmy o tym, co zrobić, aby twoje życie nabrało rozpędu. Poruszyliśmy kwestie tworzenia.

Zgadza się, a ja wciąż ci przerywałem.

Nic nie szkodzi, ale wracając do rzeczy, nie chciałbym, abyśmy zgubili wątek bardzo istotnej sprawy.

Życie to tworzenie, a nie odkrywanie.

Nie żyjesz po to, aby każdego dnia odkrywać, co życie ma dla ciebie w zanadrzu, ale to stwarzać samemu. Choć pewnie o tym nie wiesz, w każdej chwili powołujesz do istnienia swoją rzeczywistość.

Dlaczego tak się dzieje i jak to przebiega?

1. Stworzyłem ciebie na obraz i podobieństwo Boga.
2. Bóg jest twórcą.
3. Jesteś istotą troistą. Te trzy aspekty swego bytu możesz nazywać, jak ci się podoba: Ojcem, Synem i Duchem Świętym; ciałem, umysłem i duchem; nadświadomościa, świadomością i podświadomością.
4. Tworzenie to proces zachodzący na trzech płaszczyznach. Twoimi narzędziami są: myśl, słowo i czyn.
5. Wszelki proces twórczy zaczyna się od myśli („Pochodzi od Ojca"). Następny etap to słowo („Proście, a będzie wam dane, mówcie, a stanie się wam"). Tworzenie dopełnia się w czynie („A Słowo ciałem się stało i mieszkało pośród nas").

6. To, o czym myślisz, ale czego nie wypowiesz, tworzy na jednym poziomie. To, o czym myślisz i o czym mówisz, stwarza na innym poziomie. To, o czym myślisz, o czym mówisz i co robisz, objawia się w twojej rzeczywistości.
7. Tworzenie jednak nie może się obyć bez udziału wiary, dlatego nieodzownym składnikiem jest pewność, wiedza. To absolutne przeświadczenie. To coś więcej niż **nadzieja.** To **wiedza z całą pewnością** („Przez wasza wiarę zostaniecie uzdrowieni"). Dlatego etap czynu musi opierać się na wiedzy, jasności, absolutnym przeświadczeniu, uznaniu czegoś za rzeczywistość.
8. Ta wiedza łączy się z intensywnym, niesamowitym uczuciem wdzięczności. To **dziękowanie z góry.** W tym zawiera się sekret tworzenia: wdzięczność poprzedzająca stworzenie, dla stworzenia. Branie za pewnik to **niechybna oznaka Mistrza.** Wszyscy Mistrzowie **wiedzą z góry, że dzieło się wykonało.**
9. Czcij swe stworzenie i raduj się nim. Odrzucenie jakiejś jego cząstki równa się odrzuceniu cząstki siebie. Cokolwiek ukazuje się jako przynależne do twojego tworu, uznaj to za swoje, błogosław mu i dziękuj. Nie potępiaj go, gdyż to znaczyłoby potępienie siebie.
10. Jeśli stwierdzisz, że jakiś twój wytwór nie jest ci przyjemny, bądź dlań wyrozumiały i po prostu go zmień. Wybierz na nowo. Powołaj nową rzeczywistość. Pomyśl coś nowego. Wypowiedz nowe słowo, uczyń nową rzecz. Zrób to w wielkim stylu, a reszta ludzi pójdzie za tobą. Proś ich o to. Wezwij ich. Powiedz: „Jam jest Życie i Droga, idźcie za mną".

Tak objawia się wolę Bożą „jak w niebie tak i na ziemi".

Skoro to takie proste, jeśli te dziesięć etapów wystarcza, to dlaczego się to nie sprawdza dla większości?

Sprawdza się dla **każdego z was.** Niektórzy stosują ten „system" z pełną świadomością, inni nieświadomie, nie zdając sobie sprawy z tego, co czynią.

Niektórzy zachowują czujność, inni chodzą jak we śnie. Mimo to **wszyscy bez wyjątku** tworzycie swoją rzeczywistość – **tworzycie, a nie odkrywacie** – wykorzystując moc, jaką wam dałem, i mechanizm, jaki właśnie opisałem.

Zapytałeś Mnie, kiedy twoje życie „nabierze rozpędu", i oto odpowiedź.

To ty sprawiasz, że twoje życie „rusza z miejsca", nadając jasności swoim myślom. Myśl o tym, jaki chcesz być, co chcesz robić i mieć. Myśl tak często, aż stanie się to dla ciebie olśniewająco jasne. Następnie **odrzuć wszelkie inne myśli.** Nie dopuszczaj żadnych innych możliwości.

Usuń wszelkie negatywne myśli ze swych wyobrażeń. Wyzbądź się pesymizmu. Rozprosz wątpliwości. Uwolnij się od lęku. Ćwicz umysł w wytrwałym trzymaniu się pierwotnej twórczej myśli.

Kiedy twe myśli wykrystalizują się i okrzepną, zacznij je głosić jako prawdy. Mów je głośno. Użyj słów kryjących w sobie ogromną moc: ja jestem. Nic we wszechświecie nie dorównuje stwórczej sile tego stwierdzenia. Cokolwiek wypowiesz po słowach „ja jestem", wprawia w ruch ciąg przyczyn i skutków, który doświadczenia te przywoła, przyniesie je tobie.

Wszechświat inaczej działać nie potrafi. Nie umie znaleźć innej drogi. Na stwierdzenia „ja jestem..." odpowiada niczym dżinn uwięziony w butelce.

*Mówisz: „Wyzbądź się pesymizmu, uwolnij od lęku, rozprosz wątpliwości", jakby chodziło o kupienie bochenka chleba. Zamiast „Usuń wszelkie negatywne myśli ze swych wyobrażeń" równie dobrze można by powiedzieć „**Zdobądź** Mount Everest po śniadaniu". To nie lada przedsięwzięcie.*

Panowanie nad myślami nie jest tak trudne, jak mogłoby się wydawać. (Podobnie, zresztą, wspięcie się na Everest.) To wszystko kwestia dyscypliny. Woli.

Najpierw trzeba nauczyć się śledzić swoje myśli; **myśleć o tym,** co się myśli.

Kiedy przyłapiesz się na myśleniu negatywnym – takim, które zaprzecza twojemu najwyższemu pojęciu o danej rzeczy – pomyśl na nowo! Mam na myśli **dosłownie.** Kiedy myślisz, że jesteś w kropce, że nic dobrego z tego wyjść nie może, **pomyśl na nowo.** Kiedy myślisz, że świat to straszne miejsce, w którym dzieje się tyle zła, **pomyśl na nowo.** Kiedy myślisz, że wszystko ci się wali i wygląda na to, że już nie uda ci się tego z powrotem poskładać, **pomyśl na nowo.**

Możesz się w tym wyćwiczyć. (Popatrz, jakiej wprawy nabrałeś w **unikaniu** tego!)

Dziękuję ci. Nikt nie wyłożył mi tego tak przejrzyście. Szkoda tylko, że tak trudno to wykonać, ale teraz przynajmniej to rozumiem – tak mi się wydaje.

Cóż, jeśli chcesz powtórki, może w następnym wcieleniu.

5

Jaka droga naprawdę prowadzi do Boga? Czy przez wyrzeczenie, jak uważają jogini? A co z cierpieniem? Czy umartwianie się i poświęcenie przybliża nas do Boga? Czy nagradzani jesteśmy niebem za „posłuszeństwo", jak głoszą liczne religie? Czy też wolno nam postępować jak nam się żywnie podoba, lekceważyć czy łamać wszelkie zasady, odsunąć na bok tradycyjne nauki, folgować swoim zachciankom i w ten sposób osiągnąć nirwanę, jak sugerują pewne nurty New Age? Jak to jest? Surowe moralne normy czy wolnoamerykanka? Tradycyjne wartości czy ustalanie własnych na bieżąco? Dziesięć Przykazań czy Siedem Stopni do Oświecenia?

Koniecznie chcesz, aby było albo jedno, albo drugie, prawda?... A czy nie mogłoby być wszystko naraz?

Nie wiem. Dlatego pytam.

Odpowiem ci więc tak, abyś jak najlepiej to pojął – ale powiadam ci już teraz, że odpowiedź kryje się w twoim wnętrzu. To samo mówię wszystkim, którzy słuchają Moich słów i szukają Mojej Prawdy.

Każdemu sercu, które zarliwie pyta o drogę do Boga, zostaje ukazana. Każdemu przekazana jest Prawda. Przychodźcie do Mnie drogą serca, nie ścieżkami umysłu. Próżno szukacie Mnie rozumem.

Aby naprawdę poznać Boga, musisz wykroczyć poza rozum.

Twoje pytanie domaga się odpowiedzi, toteż nie uchylę się od impetu twych dociekań.

Na początku złożę oświadczenie, które cię zaskoczy – i być może zgorszy wielu innych ludzi. **Żadnych przykazań nie ma.**

Mój Boże, naprawdę?

Naprawdę. Komu bowiem miałbym nakazywać? Sobie? Po co mi zresztą takie przykazania? Cokolwiek zechcę, staje się**. N'est-ce pas?** Czy konieczne jest zatem nakazywanie czegokolwiek?

Poza tym gdybym istotnie wydał jakieś przykazania, czyż nie byłyby siłą rzeczy dotrzymywane? Jak mógłbym pragnąć czegoś na tyle, aby to nakazać – a potem usiąść i przyglądać się, jak nic z tego nie wychodzi?

Czy tak postąpiłby jakikolwiek król? Jakikolwiek władca?

Ale Ja powiem ci to: nie jestem królem ani władcą. Jestem tylko – aż – Stwórcą. Stwórca nie rządzi, lecz tworzy, nieustannie, na nowo, ciągle coś tworzy.

Stworzyłem ciebie – pobłogosławiłem – na obraz i podobieństwo Mnie. Poczyniłem określone obietnice i powziąłem zobowiązania. Oznajmiłem ci w zwykłej mowie, jak ci się stanie, kiedy zjednoczysz się ze Mną.

Jak Mojżesz, żarliwie poszukujesz. On też stanął przede Mną domagając się odpowiedzi. „Boże moich ojców – wołał – Boże mój, Boże, racz mi się ukazać. Daj mi znak, abym przekonał mój lud! Po czym możemy wiedzieć, żeśmy narodem wybranym?"

I przybyłem do niego, jak przyszedłem teraz do ciebie, z Boskim przymierzem – obietnicą na wsze czasy – niezachwianym i pewnym przyrzeczeniem.

„Skąd mogę mieć pewność?", pytał zatroskany Mojżesz. „Ponieważ Ja tak powiedziałem", odparłem. A Słowo Boga nie było przykazaniem, lecz przymierzem. Oto więc...

DZIESIĘĆ PRZYRZECZEŃ

Po tym będziesz wiedział, że obrałeś drogę do Boga, i będziesz wiedział, żeś go znalazł, gdyż objawią ci to następujące znaki, następujące **zmiany** w twej osobie:

1. Będziesz miłował Boga całym swoim sercem, całym umysłem, całą duszą. Nie będziesz stawiał innego Boga przede Mnie. Nie będziesz już czcił miłości ludzkiej, pieniędzy, powodzenia, władzy ani też żadnych ich symboli. Odstawisz te rzeczy tak, jak dziecko odstawia zabawki. Nie dlatego, że nie są godne, ale ponieważ **z nich wyrosłeś**.

   Będziesz wiedział, że zmierzasz do Boga, gdyż:
2. Nie będziesz nadaremno wymawiał imienia Boga. I nie będziesz wzywał Mnie w sprawach błahych. Zrozumiesz, jaką moc mają słowa i myśli, i nie pomyślisz nawet, aby wzywać imienia Boskiego w bez-Bożny sposób. Nie będziesz nadaremno wymawiał Moje imię, ponieważ **nie możesz**. Albowiem Mego imienia – „Jam Jest" – użyć nie można nadaremno (to znaczy na próżno, bez rezultatu). A kiedy znajdziesz Boga, wiedzieć to będziesz.

   Dam ci też inne znaki, po których poznasz, że jesteś na dobrej drodze:

3. Pamiętaj, aby dzień zachować dla Mnie i nazwać go świętym. A to dlatego, abyś nie umacniał się w swym złudzeniu, ale przypomniał sobie, kim w istocie jesteś. Wówczas każdy dzień będzie dla ciebie szabatem, a każda chwila świętą.
4. Czcij matkę swą i ojca swego – i wiedzieć będziesz, że jesteś Synem Bożym, gdy cześć oddawać będziesz Bogu/Ojcu we wszystkim, co powiesz i zrobisz. Jak czcić będziesz Boga Matkę/Ojca, i swych ziemskich rodziców (którzy dali ci życie), tak i uszanujesz **każdego.**
5. I poznasz, że znalazłeś Boga, gdy wiadomym ci się stanie, że nie zabijesz (nie zadasz z rozmysłem śmierci, bez powodu). Choć rozumieć będziesz, że odebrać życia nikomu i tak nie można (wszelkie życie jest wieczne), nie będziesz dążyć do położenia kresu danemu wcieleniu ani do przemiany jednej formy energii życiowej w drugą, bez najbardziej uświęconej przyczyny. Nowo nabyty szacunek dla życia sprawi, że będziesz czcić wszystkie formy życia – także rośliny, drzewa i zwierzęta – i będziesz w nie ingerował tylko wtedy, gdy wymagać tego będzie najwyższe dobro.

I ześlę ci również inne znaki, abyś wiedział, że kroczysz dobrą drogą:

6. Nie zbrukasz czystej miłości zdradą czy nieuczciwością, gdyż to jest wiarołomstwem. Zapewniam cię, że gdy odnajdziesz Boga, nie dopuścisz się niewierności.
7. Nie przywłaszczysz sobie tego, co nie jest twoje, ani nie będziesz oszukiwał, knuł czy szkodził drugiemu, aby wejść w posiadanie czegokolwiek, gdyż to oznacza kradzież. Zapewniam cię, że gdy odnajdziesz Boga, nie będziesz kradł.

Ani też nie będziesz...

8. Mówił nieprawdy i w ten sposób dawał fałszywego świadectwa.

   Ani też nie będziesz...

9. Pożądał żony bliźniego swego, albowiem będziesz wiedział, że wszyscy są twoimi ukochanymi braćmi i siostrami.
10. Pożądał dóbr bliźniego swego, albowiem będziesz wiedział, że wszystkie dobra mogą być twoje i wszystkie dobra należą do świata.

Poznasz, że zmierzasz ku Bogu, jeśli ujrzysz te znaki. Zaprawdę, nikt, kto szczerze poszukuje Boga, nie popełni tych czynów. Takie postępowanie stanie się dla nich po prostu niemożliwe.

Nie są to moje zakazy, lecz swobody. Nie przykazania, lecz przyrzeczenia. Wszak Bóg nie wydaje poleceń swojemu dziełu – Bóg jedynie mówi swoim dzieciom: oto, po czym poznacie, że wracacie do domu.

Mojżesz pytał zapamiętale: „Jakże mam wiedzieć? Uczyń dla mnie znak." O to samo ty prosisz teraz. To pytanie zadają ludzie na całym świecie od niepamiętnych czasów. Moja odpowiedź pozostaje odwiecznie niezmienna. Nigdy jednak nie była i nie będzie przykazaniem. Komu bowiem mam nakazywać? I kogo karać, jeśli moje przykazania zostaną złamane?

Jestem tylko Ja.

Zatem nie muszę przestrzegać Dziesięciu Przykazań, żeby pójść do nieba.

Nie ma czegoś takiego jak „pójście do nieba". Można tylko wiedzieć, że już się tam jest. Można to przyjąć do wiadomości, zrozumieć, a nie dążyć do nieba albo starać się na nie zasłużyć.

Nie możesz pójść tam, gdzie już się znajdujesz. Aby to było możliwe, musiałbyś porzucić to, gdzie jesteś, a to odebrałoby sens wędrówce.

Jak na ironię, większość ludzi uważa, że musi porzucić to, gdzie jest, aby dotrzeć tam, gdzie chce być. Porzucają więc niebo po to, aby **dostać się** do nieba – i przechodzą piekło.

Oświecenie polega na zrozumieniu, że nigdzie nie trzeba pójść, nic nie trzeba robić i nikim nie trzeba się stać – wystarczy to, gdzie się jest i kim się jest w tej właśnie chwili.

Donikąd nie wędrujecie.

Niebo – jako to określasz – jest wszędzie. Albo nigdzie indziej... jak tu i teraz.

Każdy w kółko to powtarza! Każdy! To doprowadza mnie do szału! Jeśli „niebo jest tu i teraz", to dlaczego ja tego nie dostrzegam? Dlaczego tego nie odczuwam? I dlaczego świat jest taki „pochrzaniony"?

Rozumiem twoją frustrację. Niełatwo to wszystko samemu ogarnąć, ale niemal tak samo trudno sprawić, żeby pojął to drugi.

Ffjuu! Chwileczkę! Chcesz powiedzieć, że Bóg też popada we frustrację?

A jak sądzisz, kto **wymyślił** frustrację? I czy uważasz, że ty możesz doświadczyć czegoś, co nie jest dane Mnie?

Powiadam ci: dzielę z tobą każde doświadczenie. Nie rozumiesz, że doświadczam siebie **za pośrednictwem**

ciebie? Czemu innemu miałoby to wszystko, twoim zdaniem, służyć?

Nie mógłbym poznać siebie gdyby nie ty. Stworzyłem ciebie, abym mógł wiedzieć, Kim Jestem.

Nie chciałbym jednak za jednym zamachem rozbijać wszystkich twoich złudzeń co do Mnie – zdradzę ci, że w Mojej najwznioślejszej postaci, którą zwiesz Bogiem, frustracji **nie zaznaję.**

Ufff! To brzmi lepiej. Przez chwilę naprawdę się bałem.

Ale to nie dlatego, że nie mogę. Po prostu z wyboru. Ty zresztą możesz wybrać to samo.

Mniejsza o frustrację. Dalej dziwi mnie to, że niebo jest tutaj, a ja go nie doświadczam.

Nie możesz doświadczyć czegoś, czego nie znasz. A nie wiesz, że jesteś „w niebie", ponieważ tego nie doświadczyłeś. Z twojego punktu widzenia to błędne koło. Nie możesz – nie znalazłeś jeszcze na to sposobu – doświadczyć czegoś, czego nie znasz, i nie wiesz, czego doświadczyłeś.

Oświecenie wymaga od ciebie, abyś poznał coś, czego nie doświadczyłeś, i w ten sposób tego doznał. Poznanie otwiera drogę doświadczeniu – a tobie wydaje się, że jest na odwrót.

Właściwie twoja wiedza znacznie przekracza doświadczenie. Po prostu nie wiesz, że wiesz.

Na przykład wiesz, że istnieje Bóg. Ale możesz o tym nie wiedzieć. Wyczekujesz więc na doświadczenie. I przez cały czas doświadczasz tego – bez swojej wiedzy, czyli tak, jakbyś wcale nie doświadczał.

To dopiero zawirowanie.

Zgadza się. Zamiast kręcić się w kółko, może sami powinniśmy stać się kołem. To koło wcale nie musi być błędne. Może cię uwznioślić.

Czy wyrzeczenie jest niezbędnym składnikiem życia duchowego?

Tak, ponieważ w ostatecznym rozrachunku Duch wyrzeka się wszystkiego, co nierzeczywiste, a nic w twoim obecnym życiu rzeczywiste nie jest, z wyjątkiem twojej więzi ze Mną. **Lecz wyrzeczenie w klasycznym znaczeniu tego słowa, czyli samozaparcie, nie jest konieczne.**

Prawdziwy Mistrz nie wyrzeka się, tylko odstawia daną rzecz, jak narzędzie, z którego nie ma już pożytku.

Niektórzy mówią, że trzeba przezwyciężyć swoje pragnienia. Ja powiadam ci, że należy po prostu je przemienić. Pierwsza postawa zakłada ścisłą dyscyplinę, druga niesie ze sobą radość.

Niektórzy mówią, że należy wyzbyć się wszelkich doczesnych namiętności, aby poznać Boga. Wystarczy jednak je zrozumieć i zaakceptować. **To, przed czym się bronisz, umacniasz. To, na co patrzysz, znika samo.**

Ci, którzy dążą do zwalczenia wszelkich swych doczesnych namiętności, często oddają się temu z taką żarliwością, że można by rzec, iż to stało się ich pasją. Ich pasją jest Bóg, poznanie go. Ale namiętność to namiętność; zamiana jednej na drugą nie na wiele się zdaje.

Toteż nie osądzaj swoich pasji. Obserwuj je, sprawdź, czy dobrze ci służą, zważywszy na to, kim i czym pragniesz być.

Pamiętaj, że proces tworzenia siebie przebiega nieustannie. W każdym momencie stanowisz o tym, kim i czym chcesz być. Dzieje się to głównie za sprawą wyborów, jakich dokonujesz wobec rzeczy i osób, do których żywisz namiętność.

Osoba uduchowiona często **sprawia wrażenie,** jakby wyzbyła się wszelkiej doczesnej namiętności, wszelkiego pożądania. Czego w istocie dokonała? – otóż zrozumiała, dostrzegła iluzję i odsunęła się od namiętności, które nie przynosiły jej korzyści.

Pasja to zamiłowanie do przemiany bycia w działanie. Ona napędza tworzenie. Obraca koncepcję w doświadczenie.

Pasja to ogień, który każe nam wyrażać siebie. Nigdy nie wyrzekaj się pasji, gdyż to oznacza wyrzeczenie się tego, Kim W Istocie Jesteś i Kim Naprawdę Pragniesz Być.

Osoba uduchowiona nie odrzuca pasji – odrzuca jedynie przywiązanie do skutków. Pasja to miłość działania, a działanie to bycie **w doświadczeniu.** Lecz co zazwyczaj powstaje podczas działania? **Oczekiwanie.**

Przeżyć życie bez oczekiwań – obywając się bez potrzeby konkretnych rezultatów – oto prawdziwa wolność. Na tym polega Boskość. Na tym polega bycie Mną.

Nie jesteś przywiązany do skutków swoich czynów?

Ależ skąd. Czerpię radość z samego tworzenia, a nie z tego, co następuje potem. Wyrzeczenie nie jest decyzją odrzucenia działania. Wyrzeczenie jest decyzją odrzucenia potrzeby konkretnego **skutku.** To ogromna różnica.

Mógłbyś wyjaśnić, co rozumiesz przez stwierdzenie, że „pasja to zamiłowanie do przemiany bycia w działanie”?

Bycie to stan najwyższy. To sama esencja. To Boskie „teraz-nie teraz", „zawsze-nigdy", „wszystko-nie-wszystko".

Bycie to Bogo-stan.

Ale nam nigdy nie wystarcza tylko **być.** Zawsze pragniemy **doświadczyć,** Czym Jesteśmy – a to wymaga odrębnego wymiaru boskości, który nazywamy działaniem.

Przyjmijmy, że w głębi swej cudownej duszy jesteś przejawem boskości zwanym miłością. (To zresztą absolutna Prawda o tobie.)

Jednak co innego **być** miłością, a co innego **miłować. Dusza z utęsknieniem wypatruje sposobności wyrażenia siebie, aby móc się poznać we własnym doświadczeniu. Dąży więc do urzeczywistnienia swego najszczytniejszego wyobrażenia przez działanie.**

Takie dążenie to właśnie pasja. Zabij pasję, a uśmiercisz Boga. Pasja jest jak wyciągnięta do ciebie ręka Boga.

Ale Bóg (czy też Bóg-w-tobie), gdy miłuje, spełnia swą istotę i niczego więcej mu nie potrzeba.

Z kolei człowiek często domaga się, aby to, co zainwestował, jakoś mu się **zwróciło.** Jeśli mamy kogoś kochać, w porządku – ale lepiej niech ta miłość zostanie odwzajemniona. Coś w tym rodzaju.

To nie **pasja.** To **oczekiwanie.**

Oto przyczyna ludzkiego nieszczęścia. Oto co oddziela człowieka od Boga.

Osoba uduchowiona pragnie przezwyciężyć ów rozdział na drodze doświadczenia, które mistycy Wschodu nazywają **samadhi.** To znaczy tożsamości, jedności z Bogiem; stopienia się z boskością.

Osoba uduchowiona zatem **odrzuca skutki,** ale nigdy, przenigdy nie odrzuca pasji. Mistrzowie, kierowani intuicją, wiedzą, że tędy droga: pasja prowadzi do urzeczywistnienia Jaźni.

Nawet przekładając to na język doczesności, można powiedzieć, że jeśli nie masz w sobie pasji, to tak, jakbyś nie miał życia.

Powiedziałeś, że „to, przed czym się bronisz, umacniasz, a to, na co patrzysz, znika samo". Co to znaczy?

Nie można bronić się przed czymś, co uznajemy za nierealne. Stawianie czemuś oporu równa się nadaniu mu rzeczywistości. Kiedy bronisz się przed jakąś postacią energii, sam ją wywołujesz. Im bardziej się opierasz, tym bardziej realna się dla ciebie staje – **obojętnie, przed czym byś się bronił.**

Jednak gdy otworzysz oczy i popatrzysz, to znika. To znaczy, **przestaje mamić cię swą złudną formą.**

Kiedy naprawdę popatrzysz, przejrzysz to na wylot, rozwieją się wszelkie złudzenia i w polu widzenia pozostanie naga rzeczywistość. W obliczu nagiej rzeczywistości iluzja straci wszelką moc. Przestaje mieć nad tobą władzę. Poznasz o niej prawdę i prawda cię wyzwoli.

A jeśli ja nie chcę, żeby to, czemu się przyglądam, zniknęło?

Powinieneś **zawsze** tego pragnąć! W twojej rzeczywistości nie ma żadnego punktu oparcia. Jeśli jednak nad ostateczną rzeczywistość przedkładasz iluzję swojego życia, możesz po prostu **stworzyć ją na nowo** – tak jak ją wpierw powołałeś do istnienia. W ten sposób będziesz miał to, co **wybrałeś,** i usuniesz ze swojego życia to, czego nie chcesz dłużej doświadczać.

Lecz nigdy niczemu się nie opieraj. Jeśli myślisz, że twój opór to unicestwi, **pomyśl na nowo.** Tym mocniej tylko to utwierdzi. Przecież tłumaczyłem ci, że wszelka myśl ma charakter twórczy.

Nawet taka, która coś odrzuca?

Jeśli coś odrzucasz, po co o tym myśleć? Nie roztrząsaj tego. Lecz jeśli **musisz** o tym myśleć, to znaczy, niemożliwe jest, abyś o tym nie myślał – nie broń się przed tym. Spójrz raczej prawdzie w oczy – uznaj to za swój wytwór i pozbądź się go lub zachowaj, wedle swego upodobania.

Czym powinienem się kierować w trakcie tego wyboru?

Tym, Czym wydaje ci się, że Jesteś. I tym, Czym pragniesz Być.

To decyduje o każdym wyborze, jakiego dokonałeś w życiu. I jakiego dokonasz.

Więc droga wyrzeczenia nie jest właściwa?

To nie do końca prawda. Słowo „wyrzeczenie" może się źle kojarzyć. Tak naprawdę nie można się czegoś wyrzec – **to, przed czym się bronisz, umacniasz.** Rzecz polega na tym, aby **dokonać innego wyboru.** W ten sposób zmierzasz **ku** czemuś, a nie uciekasz.

Nie sposób od niczego uciec; cokolwiek by to było, niczym cień będzie za tobą podążać. Dlatego nie opieraj się pokusie – odwróć się od niej. Zwróć się do Mnie, zostawiając za sobą to, co niepodobne do Mnie.

Ale wiedz, że nie ma drogi niewłaściwej – w tej podróży nie można nie dotrzeć do miejsca przeznaczenia. To tylko kwestia prędkości, kwestia tego, **kiedy** tam dotrzesz – ale nawet i to jest złudzeniem, gdyż żadne „przedtem" ani „potem" nie istnieje. Jest tylko teraz; chwila, która jest zawsze i w której siebie doświadczasz.

Więc o co w tym wszystkim chodzi? Jeśli nie sposób „tam" nie dotrzeć, to o co właściwie chodzi w życiu? Dlaczego mamy się czymkolwiek przejmować?

Oczywiście, nie macie się przejmować. Ale warto być czujnym. Przypatrz się sobie, jaki jesteś i co robisz, i sprawdź, czy to ci służy.

W życiu nie chodzi o to, aby gdzieś dojść, lecz aby dostrzec, że już tam jesteś, od zawsze. W nieprzemijającej chwili czystego tworzenia. Toteż w życiu należy tworzyć – to, kim i czym jesteś, a następnie tego doświadczyć.

6

A co z cierpieniem? Czy droga do Boga prowadzi przez „mękę"? Niektórzy twierdzą, że innej drogi nie ma.

Cierpienie nie jest Mi miłe, a ten, kto głosi co innego, po prostu Mnie nie zna.

Cierpienie jest niepotrzebnym składnikiem ludzkiego doświadczenia. Nie tylko niepotrzebnym, ale i bezcelowym, przykrym i niebezpiecznym dla zdrowia.

Więc skąd wokół tyle cierpienia? Dlaczego Ty jako Bóg nie położysz temu kresu, skoro tak Cię to razi?

Uczyniłem to. Ale wy nie chcecie zrobić użytku z narzędzi, w jakie was wyposażyłem, aby to urzeczywistnić.

Zrozum, cierpienie nie jest wynikiem określonych zdarzeń, ale waszej na nie reakcji.

To, co się dzieje, zwyczajnie się dzieje. Co ty czujesz w związku z tym, to zupełnie inna sprawa.

Dałem wam środki, za pomocą których możecie obniżać – a nawet całkowicie wyeliminować – ból występujący w reakcji na wypadki. Ale wy z nich nie korzystacie.

Przepraszam, ale może by tak wyeliminować wypadki?

Świetna propozycja. Niestety jednak Ja nad nimi nie panuję.

Nie panujesz?

Oczywiście, że nie. Są to zdarzenia zachodzące w czasie i przestrzeni, które są waszym tworem, skutkiem waszych wyborów. A Ja nigdy nie wtrącam się do ludzkich decyzji. Byłoby to w sprzeczności z samym powodem, dla którego powołałem was do istnienia. Ale wyjaśniłem to już wcześniej.

Niektóre wydarzenia stwarzacie z rozmysłem, inne ściągacie na siebie mniej lub bardziej nieświadomie. Z kolei za klęski żywiołowe obwiniacie los, przeznaczenie.

Ale nawet w „losie" można dopatrzeć się **„l-udzkiej o-gólnej ś-wiadomości e-kologicznej".**

Oddziaływanie zbiorowej świadomości?

Właśnie.

Odzywają się głosy mówiące, że zmierzamy ku zagładzie. Przyroda umiera. Planetę czeka poważny wstrząs geofizyczny. Trzęsienia ziemi. Wybuchy wulkanów. Nawet pochylenie się Ziemi na osi. Są jednak tacy, którzy uważają, że zbiorowa świadomość może temu zapobiec; że możemy uratować Ziemię swoimi myślami.

Myślami obróconymi **w czyn.** Jeśli znajdzie się na świecie dostatecznie dużo ludzi wierzących, że trzeba pomóc środowisku naturalnemu, ocalicie Ziemię. Ale musicie działać szybko. Wyrządzono już tyle szkód. Nie obędzie się jednak bez gruntownej zmiany postaw.

Chcesz powiedzieć, że jeśli tego nie zrobimy, będziemy świadkiem zniszczenia Ziemi i jej mieszkańców?

Prawa rządzące fizycznym wszechświatem, jakie ustanowiłem, są zrozumiałe dla każdego. Związki przyczynowo-skutkowe zostały dostatecznie jasno wyłożone naukowcom, fizykom, a przez nich światowym przywódcom. Nie trzeba tutaj ich przytaczać.

Wracając do cierpienia – skąd w ogóle wzięło się przekonanie, że cierpienie uszlachetnia? Że święci „cierpią w milczeniu"?

Święci istotnie „cierpią w milczeniu", ale to nie znaczy, że cierpienie uszlachetnia. Mistrzowie znoszą cierpienie ze spokojem, gdyż rozumieją, że choć nie jest ono życzeniem Boga, stanowi nieomylny znak, iż wiele jeszcze o Bogu muszą się nauczyć.

Prawdziwy Mistrz wcale nie cierpi w milczeniu, lecz tylko sprawia wrażenie, że cierpi bez skargi. Przyczyną tego, że Mistrz się nie skarży na ból, jest to, że nie **cierpi,** ale po prostu doświadcza okoliczności, które w **waszym mniemaniu** przysparzają mu udręki.

Adept duchowej drogi nie opowiada o cierpieniu, gdyż **jasno pojmuje potęgę Słowa** – dlatego postanawia nie mówić o tym ani słowa.

Nadajemy realności temu, na co zwracamy uwagę. Mistrz o tym wie. Dokonuje świadomego wyboru tego, co stanowi dla niego rzeczywistość.

Wam wszystkim to się zdarza od czasu do czasu. Nie znajdzie się wśród was choćby jedna osoba, która nie pozbyła się bólu głowy albo nie złagodziła udręki w gabinecie dentystycznym **siłą własnej decyzji.**

Mistrz podejmuje takie samo postanowienie w sprawach poważniejszych.

Ale po co w ogóle cierpienie? Po co nawet ***możliwość*** *cierpienia?*

Nie możesz dowiedzieć się, i stać się, kim jesteś, bez odniesienia do tego, czym nie jesteś. Tłumaczyłem ci to.

Wciąż nie pojmuję, skąd wziął się pogląd, że cierpienie uszlachetnia?

Widzę, że nie dajesz w tej kwestii za wygraną, i słusznie. Pierwotna idea cierpienia w milczeniu została tak dalece wypaczona, że w powszechnym przekonaniu (i w nauczaniu wielu religii), cierpienie jest dobre, radość zaś zła. Dlatego uznajecie za świętego kogoś, kto ma raka i to ukrywa, ale jeśli ktoś otwarcie daje wyraz swej wybujałej seksualności, nazywany jest ladacznica.

Poruszyłeś drażliwy temat. I sprytnie zmieniłeś rodzaj gramatyczny z męskiego na żeński. Co chciałeś przez to wyrazić?

Chciałem ukazać ci wasze uprzedzenia. Nie akceptujecie wybujałej seksualności u kobiet, a jeszcze mniej, gdy dają temu wyraz.

Milszy jest wam widok mężczyzny konającego na polu bitwy bez słowa skargi niż kobiety jęczącej w miłosnej ekstazie na ulicy.

A Tobie nie?

Ja nie wydaję wyroków. Za to wy na każdym kroku osądzacie – i, moim zdaniem, to wasze sądy odbierają wam radość, a wasze oczekiwania są powodem nieszczęścia.

Wszystko to razem wzięte mąci waszą pogodę ducha i tak zaczyna się cierpienie.

Skąd mogę wiedzieć, że mówisz prawdę? Jak określić, czy rzeczywiście przemawia przeze mnie Bóg czy to tylko moja rozgorączkowana wyobraźnia?

Już zadawałeś to pytanie. Moja odpowiedź niezmiennie brzmi: Czy to nie wszystko jedno? Nawet gdybym nie miał „racji", czy potrafisz wymyślić lepszy sposób na życie?

Nie.

W takim razie rozróżnienia „słuszny-niesłuszny" tracą sens. Pomogę ci jednak wybrnąć z tego dylematu: nie wierz w to, co mówię. **Żyj tym. Doświadcz.** A potem żyj, opierając się na dowolnym paradygmacie, jaki sobie wypracujesz. W doświadczeniu szukaj potwierdzenia swojej prawdy. Pewnego dnia, jeśli starczy wam odwagi, będziecie żyć w świecie, gdzie widok kochającej się pary jest milszy od widoku wojny. I będziecie się radować.

7

W życiu jest tyle zagrożeń. Tyle zamętu. Wolałbym, aby wszystko było jaśniejsze.

Zagrożenia nie ma, jeśli nie przywiązujesz się do wyników.

Masz na myśli: jeśli niczego nie chcesz.

Właśnie. **Wybieraj,** nie chciej.

To łatwe, kiedy nie masz nikogo na utrzymaniu. A jeśli ktoś ma żonę i dzieci?

Odpowiedzialność za rodzinę to trudne zadanie. Być może najtrudniejsze ze wszystkich. Jak zauważyłeś, kiedy masz na głowie tylko siebie, wtedy łatwo jest nie chcieć niczego. To naturalne, że pragniemy jak najlepiej dla swoich ukochanych.

To boli, kiedy nie możesz zapewnić im wszystkiego. Ładnego domu, przyzwoitych ubrań, jedzenia. Mam wrażenie, że przez dwadzieścia lat szarpałem się, żeby tylko związać koniec z końcem. I niewiele z tego mam.

Chodzi ci o majątek?

Mam na myśli pewne podstawowe rzeczy, jakie mężczyzna chciałby przekazać swoim dzieciom. Proste rzeczy, jakimi chciałby obdarować żonę.

Rozumiem. Uważasz, że twoim życiowym zadaniem jest zapewnić wszystkie te rzeczy. Czy do tego, twoim zdaniem, sprowadza się twoje życie?

Tak bym tego nie ujmował. Moje życie do tego się nie sprowadza, ale byłoby to jego miłym skutkiem ubocznym.

W takim razie musimy się cofnąć. Na czym, w twoim przekonaniu, polega twoje życie?

Dobre pytanie. Odpowiedź na nie zmieniała się z upływem czasu.

Jakbyś **teraz** na nie odpowiedział?

Wychodzi na to, że mam dwie odpowiedzi na to pytanie: to, co mogłoby zaistnieć, i to, co faktycznie jest w moim życiu.

Wobec tego co mogłoby zaistnieć w twoim życiu?

Chciałbym, aby moje życie polegało na duchowej ewolucji. Chciałbym dawać w nim wyraz i doświadczać tej cząstki siebie, którą cenię najwyżej. Tej cząstki, która mieści w sobie współczucie, cierpliwość, ofiarność. Tej cząstki, która jest mądra i rozważna, która wybacza i... miłuje.

To wprost ze stronic tej książki.

To piękna książka, w wymiarze ezoterycznym, ale ja głowię się nad tym, jak ją „upraktycznić". To, co faktycznie dzieje się w moim życiu, to codzienna walka o przetrwanie.

Ach tak. Więc uważasz, że jedno wyklucza drugie?

No, cóż...

Uważasz, że ezoteryka nie idzie w parze z przetrwaniem?

Prawdę mówiąc, to mnie nie zadowala. Od lat udaje mi się tylko ***przetrwać****, nic więcej. Nie przepadłem. Ale pragnąłbym, żeby ta* walka *o przetrwanie się skończyła. Przeżycie z dnia na dzień kosztuje tak wiele wysiłku. Ja chcę więcej niż przetrwać. Chcę, żeby mi się powiodło.*

Jak według ciebie wygląda powodzenie w życiu?

Mieć tyle, żeby nie martwić się wciąż, skąd brać pieniądze; nie stawać na głowie, żeby opłacić czynsz. Wiem, że to wszystko brzmi bardzo przyziemnie, ale mówimy o ***prawdziwym życiu****, a nie o bujaniu w obłokach, o uduchowionej i upoetycznionej wizji życia, jaką kreślisz w tej książce.*

Czyżby doszedł do głosu gniew?

Nie tyle gniew, co frustracja. Od dwudziestu lat bawię się w duchowość i co mi to dało? Wciąż klepię biedę! Właśnie straciłem pracę i wygląda na to, że dopływ gotówki znów został odcięty. Męczy mnie już ta szarpanina. Mam czterdzie-

ści dziewięć lat i chciałbym w końcu zaznać dostatku, aby móc poświęcić więcej czasu „Boskim sprawom", „ewolucji duchowej" i tym podobnym rzeczom. Tego pragnie moje serce, ale nie tam zmierza moje życie...

Ale mi wygarnąłeś. Podejrzewam, że wyrażasz opinie wielu innych ludzi, z którymi dzielisz to doświadczenie.

Będę odpowiadał po kolei, żebyśmy się nie pogubili.

Nie „bawisz się w duchowość" od dwudziestu lat, zaledwie się o nią otarłeś. (To nie jest przytyk, ale stwierdzenie faktu.) Od dwudziestu lat **przyglądałeś się, flirtowałeś, od czasu do czasu eksperymentowałeś** z duchowością, zgoda – ale dopiero niedawno oddałeś się temu całym sercem.

Postawmy sprawę jasno: oddać się sprawom duchowym znaczy zaangażować się całym umysłem, całym ciałem, całą duszą w proces stwarzania swojej Jaźni na obraz i podobieństwo Boże.

Na tym polega samorealizacja, którą głosili mistycy Wschodu. Na tym polega zbawienie w ujęciu teologii Zachodu.

To akt najwyższej świadomości, dokonujący się dzień w dzień, w każdej godzinie, w każdym momencie. To wybieranie za każdym razem i wybieranie na nowo. To nieustanne tworzenie. **Świadome** tworzenie. Tworzenie celowe. To korzystanie z narzędzi, jakie wam dałem, korzystanie z rozmysłem i wzniosłą intencją. Oto „zabawa w duchowość". Teraz powiedz mi, od jak dawna się nią zajmujesz?

Jeszcze nawet nie zacząłem.

Nie popadaj z jednej skrajności w drugą, i nie bądź dla siebie taki surowy. Przecież zaangażowałeś się w ten proces – i to w większym stopniu, niż skłonny byłbyś przyznać. Ale to nie trwa od dwudziestu lat. Prawda jest jednak taka, że nie ma znaczenia, jak długo się tym zajmujesz. Liczy się tylko chwila obecna.

Idźmy dalej. Zastanawiasz się, „co ci to dało", i powiadasz, że „klepiesz biedę". Ja widzę co innego. Widzę kogoś o krok od zamożności! Ty uważasz, że jesteś na krawędzi załamania, ja widzę, że jesteś u progu nirwany. Wszystko zależy od tego, co stanowi dla ciebie „wynagrodzenie" – i czemu poświęcasz swoje wysiłki.

Jeśli dla ciebie celem życie jest osiągnięcie dostatku, rozumiem, dlaczego twierdzisz, że „klepiesz biedę". Ale nawet i taką ocenę można zmienić. Ponieważ „wynagrodzenie" ode Mnie, te wszystkie dobre rzeczy, jakie ci się zdarzą – w tym poczucie bezpieczeństwa w świecie materialnym.

„Zapłata", jaką otrzymujesz za „prace dla Mnie", obejmuje o wiele więcej niż tylko duchową pociechę. Wsparcie materialne może też stać się twoim udziałem. Co ciekawe, kiedy doświadczysz Mej zapłaty w formie duchowej pociechy, sprawy materialne przestają cię obchodzić.

Nawet dobrobyt członków twojej rodziny nie będzie już twoim problemem – gdyż kiedy wzniesiesz się na poziom Boskiej świadomości, zrozumiesz, że nie jesteś za żadną duszę odpowiedzialny, i choć to rzecz chwalebna, pragnąć dla każdego jak najlepiej, to każda dusza musi wybrać – i w każdej chwili wybiera – własnc przeznaczenie.

Rzecz jasna, nie jest godnym czynem rozmyślne krzywdzenie czy niszczenie drugiego. Rzecz jasna, równie niesłuszne jest zaniedbywanie potrzeb tych, którzy za naszą sprawą są od nas zależni.

Twoim zadaniem jest ich **usamodzielnić;** nauczyć ich jak najszybciej **radzić sobie bez ciebie.** Nie jesteś dla nich błogosławieństwem, dopóki potrzebują cię, aby przetrwać, ale błogosław im prawdziwie dopiero wtedy, gdy uświadomią sobie swą niezależność. Podobnie dla Boga najmilszą chwilą jest chwila, kiedy uświadomisz sobie, że **nie potrzebujesz Boga.** Wiem, wiem... to stoi w jaskrawej sprzeczności ze wszystkim, czego cię nauczono. Mówiono ci o Bogu gniewnym, zawistnym, Bogu, który potrzebuje czuć się potrzebny. Ale to nie żaden Bóg, tylko jakaś neurasteniczna namiastka.

Prawdziwy Mistrz to nie ten z największą liczbą uczniów, a ten, który szkoli najwięcej Mistrzów.

Prawdziwy przywódca to nie ten, który ma najliczniejszych zwolenników, a ten, który wychowuje najwięcej przywódców.

Prawdziwy król to nie ten, który rządzi największą liczbą poddanych, a ten, który najliczniejszą rzeszę podnosi do rangi królewskiej.

Prawdziwy nauczyciel to nie ten, który posiada największą wiedzę, a ten, który przekazuje wiedzę największej liczbie.

I prawdziwy Bóg to nie ten, który stanowi Jedno ze sługami, a ten, który służy najliczniejszej rzeszy, przez co czyni Bogów z pozostałych. W tym bowiem zawiera się cel i chwała Boga: aby Jego poddani przestali nimi być i aby wszystkim Bóg znany był nie jako niedostępny, lecz jako nieunikniony.

Chciałbym, abyś to zrozumiał: nie możesz uniknąć swego szczęśliwego przeznaczenia. Nie sposób nie dostąpić „zbawienia". Nie ma innego piekła, niż o tym nie wiedzieć.

Tak więc rodzice, małżonkowie, ukochani, niech wasza miłość nie będzie jak klej, który wiąże, lecz raczej niczym magnes, który najpierw przyciąga, następnie odwraca i odpycha, a to dlatego, żeby ci, którzy do was lgną, nie uzależnili od was swego przetrwania. Nie muszą was się trzymać, aby przeżyć. Żadne przekonanie nie jest dalsze od prawdy. Żadne nie może wyrządzić im większej szkody.

Niech wasza miłość rzuci ukochanych w wir świata – w pełnię doświadczenia ich prawdziwej istoty. W ten sposób naprawdę się spełni.

To trudne zadanie – droga głowy rodziny, najeżona troskami i pułapkami. Ascety nie dotyka żadna z nich. Zapewnione ma pożywienie i skromną matę do spania. Każdą godzinę może wypełnić modlitwą, medytacją i kontemplacją Boskich rzeczy. Jak łatwo w takich warunkach wszędzie dostrzegać świętość! Jakie to proste! Ale niech no wstąpi w związek małżeński, niech pojawią się dzieci! Zobacz, jakie to święto przewijać dziecko o trzeciej nad ranem! Martwić się, jak opłacić rachunek do pierwszego. Czy widzisz rękę Boga w chorobie małżonka, w utracie pracy, gorączce dziecka, cierpieniu rodziców? Tu dopiero zaczyna się świętość.

Rozumiem twoje znużenie. Wiem, że zmęczyła cię szarpanina. Ale powiadam ci: kiedy pójdziesz za Mną, przestaniesz się szarpać. Zamieszkaj w swej Boskiej przestrzeni, a wszelkie zdarzenia będą błogosławieństwem, nie dopustem.

Ale jak mogę to zrobić, kiedy właśnie straciłem pracę, trzeba zapłacić czynsz, dzieciaki muszą iść do dentysty, a przebywa-

nie w tej wzniosłej filozoficznej przestrzeni wydaje się najmniej skutecznym sposobem rozwiązania każdego z tych problemów?

Nie porzucaj Mnie wtedy, kiedy najbardziej Mnie potrzebujesz. Wybiła godzina twej najcięższej próby. Wybiła godzina twej największej szansy. Oto masz sposobność wykazania tego wszystkiego, co tu napisano.

Kiedy mówię „nie porzucaj Mnie", to brzmi tak, jakby odzywał się ten neurotyczny, potrzebujący Bóg, o którym rozmawialiśmy. Ale Ja taki nie jestem. Możesz Mnie porzucić, jeśli ci się tak podoba. Ja o to nie dbam i niczego to między nami nie zmieni. To tylko odpowiedź na twe pytania. To właśnie wtedy, kiedy sprawy źle się układają, najczęściej zapominacie, **Kim Jesteście,** i jakie **narzędzia** wam dałem do tworzenia życia z własnego wyboru.

W takiej chwili bardziej niż kiedykolwiek powinieneś wejść do swej Boskiej przestrzeni. Po pierwsze, przyniesie ci to spokój ducha – a spokojny umysł rodzi wielkie idee – idee, które mogą zaradzić największym kłopotom, z jakimi, w twoim mniemaniu, się borykasz.

Po drugie, w Boskiej przestrzeni dokonuje się urzeczywistnianie Jaźni, a to jest celem, jedynym celem, twojej duszy.

Kiedy przebywasz w swej Boskiej przestrzeni, widzisz, że wszystko, czego doświadczasz, ma charakter ulotny. Powiadam ci, że niebo i ziemia przeminą, a **ty** nie. Ta perspektywa wieczności pozwala ujrzeć rzeczy w ich właściwym świetle.

Będziesz mógł ocenić swoje obecne warunki i okoliczności wedle ich prawdziwej miary – jako czasowe. Potem możesz się nimi posłużyć do stwarzania swego doświadczenia w teraźniejszości.

Za kogo ty się właściwie uważasz? Wobec doświadczenia utraty pracy jak postrzegasz samego siebie? I za kogo uważasz **Mnie?** Wydaje ci się, że ten problem Mnie przerasta? Czy wydostanie cię z tych tarapatów byłoby cudem ponad Moje siły? Rozumiem, że, twoim zdaniem, jest to ponad **twoje siły,** nawet biorąc pod uwagę wszystkie narzędzia, w jakie cię wyposażyłem – ale czy naprawdę sądzisz, że to przekracza **Moje** siły?

Na poziomie rozumu wiem, że dla Boga nie ma zadań niewykonalnych. Ale pod względem emocjonalnym nie jestem chyba taki tego pewny. To znaczy nie o to chodzi, żebyś sobie nie poradził, ale żebyś chciał.

Więc to kwestia wiary?

Tak.

Nie kwestionujesz Mojej mocy, ale podajesz w wątpliwość Moją chęć.

Widzisz, wciąż tkwi we mnie przekonanie, że może kryje się w tym jakaś dla mnie nauka. Nie mam pewności, czy powinienem szukać rozwiązania. Może raczej powinienem mieć kłopot. Może to jakiś rodzaj „próby", o których mówi wpajana mi teologia. Więc martwi mnie to, że rozwiązania może nie być. Że Ty po prostu stoisz z boku i patrzysz...

Wydaje mi się, że pora ponownie przyjrzeć się interakcji między nami, ponieważ ty sądzisz, że to kwestia Mojej chęci, Ja zaś powiadam ci, że to wynik twojej.

Ja pragnę dla ciebie, czego sam dla siebie pragniesz. Niczego więcej, niczego mniej. Ja nie siedzę i nie rozpatruję kolejnych próśb, zastanawiając się, do jakiej się przychylić.

Wszystkim rządzi prawo przyczyny i skutku, a nie moja łaska bądź niełaska.. Nie ma takiej rzeczy, która byłaby ci odmówiona, gdybyś tylko ją wybrał. Jeszcze zanim poprosisz, już otrzymałeś. Wierzysz, że tak jest?

Przykro mi, ale nie. Zbyt wiele widziałem modlitw, które przeszły bez echa.

Niech ci nie będzie przykro. Trzymaj się prawdy – prawdy swojego doświadczenia. Ja to rozumiem. Ja to szanuję.

To dobrze, gdyż ja nie wierzę, że otrzymam wszystko, o cokolwiek poproszę. Moje życie świadczy o czymś przeciwnym. W gruncie rzeczy rzadko dostaję to, czego chcę. Kiedy tak się dzieje, uważam to za piekielne szczęście.

Ciekawy dobór słów. Wygląda na to, że są dwie możliwości. W życiu możesz mieć albo piekielne, albo błogosławione szczęście. Ja oczywiście wolałbym dla ciebie to drugie – ale nie będę się wtrącał do twoich decyzji.

Zapewniam cię: **Zawsze** dostajesz to, co tworzysz, a tworzysz nieustannie.

Ja nie osądzam twoich wytworów, lecz po prostu daję ci moc do tworzenia wciąż nowych. Jeśli nie jesteś zadowolony ze swojego dzieła, **dokonaj innego wyboru.** Moim zadaniem, jako Boga, jest zapewnić ci zawsze do tego sposobność.

Stwierdziłeś, że nie zawsze otrzymujesz to, o co prosisz. Za to Ja powiadam ci, że zawsze otrzymujesz to, co sam powołałeś do istnienia.

Twoje życie jest w prostej linii wynikiem tego, jak je widzisz – w tym również tak jawnie twórczej myśli, że rzadko dostajesz to, co dla siebie wybierasz.

Obecnie postrzegasz siebie jako ofiarę okoliczności utraty pracy. Ale prawda jest taka, że nie chciałeś dłużej tej pracy. Przestałeś zrywać się rano pełen radosnego oczekiwania, a zacząłeś wstawać pełen niedobrych przeczuć. Przestałeś odczuwać zadowolenie z pracy, a zacząłeś odczuwać urazę. Zacząłeś nawet marzyć **o robieniu czego innego.**

Czy uważasz, że wszystko to jest bez znaczenia? Nie doceniasz swojej mocy. Oświadczam ci: **Twoje życie bierze się z intencji, jakie wobec niego żywisz.**

Jakie masz teraz intencje? Zamierzasz udowodnić swoją teorię, że życie rzadko przynosi ci to, co dla siebie wybierasz? Czy też zamierzasz dowieść, Kim w Istocie Jesteś i Kim Jestem Ja?

Czuję się dotknięty. Skarcony. Zakłopotany.

Czy jest ci z tym dobrze? Dlaczego po prostu nie uznasz prawdy i nie wyruszysz na jej spotkanie? Nie ma potrzeby, abyś sam siebie zadręczał. Zauważ po prostu, jakich ostatnio dokonywałeś wyborów, i wybierz co innego.

Ale skąd we mnie ochota do wybierania przeciwko sobie i karania się potem za to?

A czego byś się spodziewał? Od najmłodszych lat wmawiano ci, że jesteś „zły". Godzisz się z tym, że przyszedłeś na świat „z grzechem". Poczucie winy to **reakcja wyuczona.** Nauczono cię obwiniać siebie, zanim cokolwiek zdążyłeś zrobić. Nauczono cię odczuwać wstyd za to, że nie urodziłeś się doskonały.

Tę domniemaną ułomność, z jaką podobno przyszedłeś na świat, wasze religie mają czelność nazywać pierworodnym grzechem. I to **jest grzech** – ale nie wasz. Tego grzechu dopuszcza się na was świat, który o Bogu nie wie nic, jeśli sądzi, że Bóg zechciałby – czy **mógłby** – stworzyć jakąkolwiek niedoskonałość.

Wokół tej poronionej myśli powstały nawet całe teologie. A tym właśnie jest dosłownie, poronioną myślą. **Albowiem cokolwiek zrodzi się z Mojej myśli, jest bez skazy; doskonałym odbiciem czystej doskonałości, uczynionym na obraz i podobieństwo Boże.**

Mimo to, aby uzasadnić idee karzącego Boga, wasze religie musiały wymyślić jakiś powód dla Mojego gniewu. Toteż nawet osoby wiodące przykładne życie potrzebują zbawienia, jeśli nie od siebie samych, to od własnej **wrodzonej ułomności.** Dlatego (jak głoszą wasze religie) lepiej, żebyś coś z tym zrobił – inaczej pójdziesz prosto do piekła.

Być może to wcale nie zdoła ułagodzić dziwacznego, mściwego i gniewnego Boga, ale z pewnością daje początek dziwacznym, mściwym i gniewnym **religiom.** W ten sposób religie same się uwieczniają. W ten sposób władza pozostaje skupiona w rękach garstki, zamiast być doświadczana w rękach wielu.

To jasne, że stale wybierasz gorszą myśl, uboższą ideę, najskromniejszą koncepcję siebie i swojej mocy, nie mówiąc już o Mnie i Mojej mocy. Tak ciebie **nauczono.**

Mój Boże, jak się tego oduczyć?

Dobre pytanie i skierowane pod właściwy adres! Możesz tego dokonać, czytając tę książkę. Czytając raz po raz, od nowa. Aż zrozumiesz każdy akapit. Aż przyswoisz sobie każde słowo. Kiedy będziesz umiał zacytować jej urywki innym, kiedy będziesz umiał przywołać na myśl jej zwroty w najczarniejszej godzinie życia, znaczyć to będzie, że się oduczyłeś błędnych nauk, jakie ci wpojono.

Jest jeszcze tyle rzeczy, o które chcę zapytać; tyle chcę jeszcze poznać.

Właśnie. Zaczęliśmy od całej listy pytań. Może do niej wrócimy?

8

Czy kiedykolwiek poznam sekret tworzenia harmonijnych związków? Czy możliwy jest szczęśliwy związek z drugą osobą? Dlaczego muszą przynosić nam wciąż nowe wyzwania?

Nie ma żadnej tajemnicy, jeśli chodzi o udane związki. Rzecz polega po prostu na tym, aby pokazać to, co już się wie. Możliwy jest szczęśliwy związek, pod warunkiem że robi się z niego właściwy dla niego użytek, a nie narzuca mu wymyślonego przez siebie celu.

Związki wciąż przynoszą nam nowe wyzwania; nieustannie wymagają od nas, abyśmy tworzyli i wyrażali coraz wyższe aspekty, coraz wspanialsze wizje, a nawet coraz chlubniejsze **wersje** siebie. Nigdzie indziej nie można tego osiągnąć z równą skutecznością, bezpośredniością i szlachetnością, co właśnie w związku. Tak naprawdę bez związków **jest to w ogóle niemożliwe.**

Tylko dzięki związkom z innymi ludźmi, miejscami i zdarzeniami, możesz zaistnieć (jako poznawalna wielkość, jako dające się określić **coś**) we wszechświecie. Pamiętaj, że gdyby odjąć całą resztę, ty przestajesz być. Istniejesz tylko w stosunku do innych. Tak się sprawa ma w świecie relatywnym, w przeciwieństwie do świata absolutu – gdzie przebywam Ja.

Kiedy to pojmiesz z całą jasnością, kiedy uchwycisz to w całej głębi, wówczas chwalić będziesz wszelkie doświadczenia, a w szczególności zbliżenia z drugim człowiekiem, albowiem poznasz ich konstruktywny, w najwyższym znaczeniu tego słowa, wymiar. Zobaczysz, jak mogą być użyte, jak muszą być i są używane (czy tego chcesz, czy nie), do **wznoszenia** Twojej Prawdziwej Istoty.

Budowla ta może być wspaniałym dziełem, opartym na celowo przyjętym założeniu, albo czysto przypadkowym zestawieniem. Możesz być kimś kształtowanym przez zdarzenia albo tym, kim postanowisz być i jak postanowisz działać w odpowiedzi na nie. To ta druga postawa sprzyja świadomemu urzeczywistnianiu Jaźni.

Chwal więc **każdy** związek, każdy traktuj jako szczególny i pomocny w tworzeniu tego, Czym Naprawdę Jesteś.

Lecz twoje pytanie, jak rozumiem, dotyczy osobistych, romantycznych związków. Zatem niech Mi będzie wolno zająć się właśnie ludzkimi związkami uczuciowymi – które wciąż sprawiają ci tyle kłopotu! Kiedy miłosny związek zawodzi (zawodzi w ściśle ludzkim rozumieniu tego słowa, czyli nie przynosi pożądanych rezultatów), dzieje się tak, ponieważ przede wszystkim zawarty został z niewłaściwych powodów.

(„Niewłaściwy" to, rzecz jasna, pojęcie względne, mierzone w odniesieniu do tego, co uznawane jest za „właściwe" – czymkolwiek to ostatnie jest! Trafniej można by to wyrazić mówiąc, że „związek zawodzi – zmienia postać – najczęściej wtedy gdy zawarty został z powodów nie całkiem sprzyjających jego przetrwaniu.")

Większość ludzi tworzy związki uczuciowe z myślą o tym, co mogą zyskać, a nie co mogą wnieść.

Celem związku jest uwidocznienie tej naszej cząstki, którą postanawiamy okazać, a nie pojmanie i zagarnięcie – wybranej cząstki drugiej osoby.

Cel wszelkich związków – i wszelkiego życia – jest jeden: być i decydować, Kim W Istocie Jesteś.

Mówienie, że dopóki nie zjawiła się ta szczególna osoba, byłeś „nikim", jest niezwykle romantyczne, ale niezgodne z prawdą. Co gorsza, wywiera na nią ogromny nacisk, aby stała się tym, czego się po niej spodziewasz, a czym nie jest.

Nie chcąc ciebie „zawieść", próbuje się nagiąć do twoich oczekiwań, aż w końcu opada z sił. Nie jest już w stanie sprostać swojemu wizerunkowi w twoich oczach. Wypełnić ról, jakie jej przydzielono. Narasta poczucie krzywdy. Potem przychodzi gniew.

Wreszcie, chcąc ratować siebie (oraz związek), nasi ukochani zaczynają upominać się o swoje, działać zgodnie ze Swoją Prawdziwą Istotą. Wtedy mniej więcej mówimy, że się „zmienili".

Deklaracje, że odkąd ta specjalna osoba dzieli z tobą życie, czujesz się spełniony, są urocze. **Lecz nie chodzi o to, żeby związać się z drugą osobą, aby ciebie dopełniła, ale aby dzielić z nią swoją pełnię.**

W tym zawiera się cały paradoks ludzkich związków: Nie potrzebujesz tej szczególnej osoby, aby doświadczyć w pełni, Kim Naprawdę Jesteś, a... bez drugiego jesteś niczym.

To zagadka i cud ludzkiego doświadczenia, źródło radości i frustracji. Potrzebne jest głębokie zrozumienie i całkowite oddanie do sensownej egzystencji w obrębie tego paradoksu. Niewielu to potrafi.

W wieku, w którym wkraczasz w związki, jesteś pełny oczekiwań, roznosi cię energia, serce masz szerokie, a duszę ochoczą.

Jednak po wejściu w wiek średni, miedzy czterdziestym a sześćdziesiątym rokiem życia, niektórzy prędzej, inni później, nieuchronnie rozstają się ze swym najwspanialszym marzeniem, porzucają najszczytniejszą nadzieją i zadowalają się tym, co jest. To takie proste, a tak boleśnie niezrozumiale, tragicznie wypaczone: najwspanialsze marzenie, najwyższe wyobrażenie, najmilszą nadzieję związaliście z drugą osobą, a nie ze swą Jaźnią. Powodzenie związku mierzyliście tym, do jakiego stopnia ta druga osoba sprostała waszym wymaganiom, i odwrotnie. Lecz jedyną prawdziwą miarą jest to, do jakiego stopnia sprostałeś własnym wymaganiom wobec siebie.

Związki są **uświęcone,** ponieważ zapewniają najwspanialszą życiową okazję – w istocie nawet jedyną i niepowtarzalną okazję – kształtowania **doświadczenia** twej najwyższej koncepcji własnej Jaźni. Zawodzą wtedy, gdy postrzegasz je jako najwspanialszą życiową szansę kształtowania doświadczenia twej najwyższej koncepcji Jaźni **drugiego.**

Niech każdy z partnerów martwi się o swoją Jaźń – czym jest, co robi, co posiada; czego pragnie, poszukuje, doświadcza; co daje, tworzy; a wszystkie osobowe relacje świetnie spełniłyby swoje zadanie – i świetnie przysłużyłyby się partnerom!

Niech każdy z partnerów martwi się nie o drugiego, ale tylko i wyłącznie o siebie.

Ta nauka może się wydać dziwna, gdyż uczono cię, że najdoskonalszy związek to taki, w którym troszczysz się wyłącznie o drugą osobę. Ale powiadam ci: przyczyną nieudanego związku jest skupienie uwagi na partnerze, przybierające wręcz formę **obsesji.**

Jaki jest? Co robi? Co ma? Co mówi? Czego chce? Żąda? O czym myśli? Czego oczekuje? Co planuje?

Mistrz rozumie, że to wszystko **nie ma znaczenia.** Liczy się tylko to, jaki ty jesteś w **stosunku** do tego.

Osoba najbardziej kochająca to taka, która skupia się na sobie, na swej Jaźni.

To dość radykalny pogląd...

Po bliższym zbadaniu okazuje się, że nie. Jeśli nie potrafisz kochać siebie, nie możesz pokochać drugiego. Wielu popełnia błąd, gdyż dąży do pokochania siebie **przez** miłość do drugiego. Oczywiście, nie zdają sobie z tego sprawy. Nie jest to świadome działanie. Odbywa się w ukrytych pokładach umysłu, które nazywacie podświadomością. Myślą sobie tak: „Jeśli tylko będę kochał innych, oni pokochają mnie. Wówczas będę kochany i będę mógł pokochać sam siebie."

Druga strona medalu wygląda tak, że mnóstwo ludzi siebie nienawidzi, ponieważ mają wrażenie, że nikt ich nie kocha. To urojenie, ponieważ w rzeczywistości inni ich kochają, ale prawda nie ma znaczenia. Choćby nie wiem ilu ludzi deklarowało im swą miłość i tak będzie to za mało.

Po pierwsze, nie wierzą ci. Podejrzewają, że próbujesz nimi manipulować – coś uzyskać. (Jak ktoś może darzyć ich miłością takimi, jacy naprawdę są? Nie. To jakaś pomyłka. Tobie o coś chodzi! O co ci właściwie chodzi?)

Siedzę zastanawiając się, jak to możliwe, że ktoś ich kocha. Więc ci nie wierzę i każą ci to w jakiś sposób

udowodnić. Musisz wykazać swoją miłość. W tym celu mogę cię poprosić, abyś zmienił swoje zachowanie.

Następnie, jeśli dojdzie już do tego, że są w stanie ci uwierzyć, natychmiast zaczynają się martwić, jak twoją miłość **zachować.** Toteż aby nie utracić twojej miłości, zaczynają zmieniać **swoje** postępowanie.

W taki oto sposób dwoje ludzi dosłownie się w związku zatraca. Wstępują w związek z nadzieję, że się odnajdą, a w rezultacie się gubią.

Zatracanie własnej Jaźni jest najczęstszą przyczyną rozgoryczenia u tego rodzaju par.

Dwoje ludzi łączy się ze sobą, licząc na to, że nowa całość okaże się większa od sumy poszczególnych składników, i odkrywa, że jest ona mniejsza. Czują się **pomniejszeni** w stosunku do tego, jacy byli osobno. Mniej zdolni, mniej atrakcyjni, mniej ekscytujący, mniej radośni, mniej zadowoleni.

Dzieje się tak, ponieważ naprawdę są mniejsi. Wyrzekli się większej części swej tożsamości po to, aby być i pozostać w związku z drugą osobą.

Stosunki między dwojgiem ludzi nie po to zostały ustanowione. Ale w taki właśnie sposób są doświadczane, i to powszechnie.

Dlaczego?

Dlaczego?

Ponieważ ludzie stracili z oczu (jeśli kiedykolwiek mieli to na oku) prawdziwy cel związku.

Odkąd przestaliście postrzegać siebie nawzajem jako święte dusze odbywające świętą podróż, nie możecie dostrzec celu, powodu wszelkich związków.

Dusza się wcieliła, a ciało ożyło, z myślę o ewolucji. **Ewoluowanie, stawanie się.** Do tego właśnie służy twój stosunek do **wszystkiego:** samostanowienia o tym, **czym** się stajesz.

Po to tutaj jesteś. Na tym polega radość kształtowania Jaźni. Poznawania Jaźni. Stawania się, świadomie, tym, czym pragniesz zostać. Oto czym jest samoświadomość.

Wprowadziłeś swoją Jaźń do świata względności, aby zyskać narzędzia potrzebne do poznania swej prawdziwej istoty i jej doświadczenia. Zaś twoja prawdziwa istota to wybór sposobu bycia w odniesieniu do wszystkiego innego.

Związki osobiste to najważniejsze składniki tego procesu. Stają się przez to uświęconym polem. Właściwie nie mają nic wspólnego z drugim człowiekiem, mimo to, ponieważ zakładają udział innych, z drugim łączy je **wszystko.**

Tak przedstawia się boska dychotomia. Zamknięty krąg. Nie jest więc taki radykalny pogląd, że „błogosławieni, którzy są skupieni na sobie, albowiem oni będą oglądać Boga". To całkiem przyzwoite zadanie życiowe – poznanie najwyższego aspektu własnej Jaźni i ześrodkowanie na nim.

Toteż podstawową relacją dla ciebie jest przede wszystkim relacja z Jaźnią. Wpierw musisz nauczyć się szanować i kochać swoją Jaźń.

Najpierw musisz dostrzec godność w sobie, zanim dostrzeżesz ją w bliźnim. Najpierw musisz uznać za błogosławionego siebie, zanim uznasz za takiego bliźniego. Najpierw musisz odkryć świętość w sobie, zanim odkryjesz ją w bliźnim.

Jeśli odwrócisz kolejność – do czego nawołują liczne religie – i uznasz najpierw świętość bliźniego, stanie się to zarodkiem urazy. Nikt z was nie może przeboleć tego, że drugi okazuje się **świętszy od niego.** Mimo to wasze religie nakazują wam czcić innych bardziej od samego siebie. Tak też postępujecie – do czasu. Potem ich krzyżujecie.

Umęczyliście (w taki czy inny sposób) każdego z moich Mistrzów, nie tylko tego Jednego. I uczyniliście tak nie dlatego, że są od was bardziej święci, ale ponieważ **sami im to przypisaliście.**

Moi posłańcy zawsze głoszą to samo – nie: „Ja jestem od was świętszy", ale: „Ty jesteś równy mi w świętości".

Tego przesłania nigdy nie usłyszeliście; nigdy tej prawdy nie przyjęliście. I stąd też nie umiecie prawdziwą, i czystą miłością pokochać drugiego. Albowiem nie pokochaliście siebie.

Oświadczam więc wam: bądźcie odtąd i na zawsze skupieni na swojej Jaźni. Patrzcie na to, jacy wy jesteście, co wy robicie i co wy macie w każdej poszczególnej chwili, a nie na to, co dzieje się z drugim.

Nie w akcji drugiego, ale we własnej reakcji znajdziesz swoje zbawienie.

Rozumiem, ale brzmi to trochę tak, jakbyśmy nie powinni zwracać uwagi na to, co wyrządza nam druga strona. Mogą robić cokolwiek, ale dopóki zachowamy równowagę, skupimy się na Jaźni i wykażemy właściwą postawę, nie będą w stanie nas dotknąć. Ale inni nas ***dotykają****. Ich czyny nierzadko nas* ***ranią****. Właśnie kiedy do związku zakrada się ból, nie wiem, co począć. Mówi się: „zdystansuj się od tego, nie przywiązuj żadnego znaczenia", ale łatwiej powiedzieć* *niż wykonać. Mnie naprawdę ranią słowa i zachowania drugiej strony.*

Nadejdzie dzień, że przestanie ci to sprawiać ból. W tym dniu uświadomisz sobie – i urzeczywistnisz – prawdziwe znaczenie związków, ich prawdziwy powód. Reagujesz w ten sposób, ponieważ tego nie pamiętasz. Ale to nic nie szkodzi. Tak dokonuje się rozwój. To etap ewolucji. W związku gra idzie o duszę, o postęp. Na tym polega głębokie zrozumienie i gruntowne przypomnienie. Dopóki sobie nie przypomnisz, nie uprzytomnisz, jak należy wykorzystać związki do wznoszenia Jaźni, musisz pozostać i działać na poziomie, na którym się obecnie znajdujesz. Poziomie rozumienia, poziomie chęci, poziomie pamięci.

Są rozwiązania, które możesz zastosować, kiedy reagujesz z bólem i urazą na to, co druga strona mówi, robi czy przedstawia. Przede wszystkim należy przyznać się przed sobą i partnerem, co dokładnie odczuwasz. Wielu z was boi się odsłonić, ponieważ uważacie, że to „nie wypada". Gdzieś w głębi przekonujesz siebie, że pewnie głupio „tak to odczuwać". To **poniżej** twojej godności. „Unosisz się honorem". Ale nic nie możesz poradzić. Wciąż to odczuwasz.

Jest tylko jedna rada. Musisz uszanować swoje uczucia. Szacunek dla własnych uczuć oznacza szacunek dla Jaźni. A musisz kochać bliźniego jak siebie samego. Czy można bowiem oczekiwać, że zrozumiesz i uszanujesz uczucia drugiego, jeśli nie darzysz poważaniem uczuć zrodzonych we własnej Jaźni?

Dlatego wszelkie obcowanie z innym człowiekiem należy zacząć od ustalenia swej tożsamości: Kim Jestem i Kim Pragnę Być w stosunku do niego.

Często nie pamiętasz, Kim Jesteś, i nie wiesz, Kim Chcesz Być, dopóki **nie wypróbujesz** kilku różnych sposobów istnienia. Dlatego tak ważny jest szacunek dla własnych uczuć.

Jeśli pierwsza reakcja jest negatywna, często wystarcza przyznanie się do niej, aby się od niej uwolnić. Złość, wzburzenie, niesmak, wściekłość, chęć zemsty – aby się tych emocji wyrzec jako niezgodnych z tym, Co Pragnę Przedstawiać, trzeba najpierw je w sobie uznać.

Mistrzem jest ta Jaźń, która ma za sobą dość takich doznań, aby móc przewidzieć swój ostateczny wybór. Ona nie musi niczego wypróbowywać. Stroiła się już w te „szaty" i wie, że jej „nie pasują"; nie są „jej". A ponieważ życie Mistrza to ciągłe wdrażanie idei urzeczywistniania Jaźni takiej, **jaką siebie widzi,** nie ma w nim miejsca na takie nie przystające do Niej uczucia.

Dlatego Mistrz pozostaje niewzruszony w obliczu zdarzeń, które inni mogliby nazwać nieszczęściem. Mistrz wita nieszczęście, albowiem wie, iż z nasion klęski (i wszelkiego doświadczenia) pnie się w górę Jaźń. A wzrastanie jest drugim podstawowym zadaniem życiowym Mistrza. Albowiem gdy ktoś już siebie (Jaźń) urzeczywistnił, **nie pozostaje mu nic innego jak dbać o jej przyrost.**

Na tym etapie dokonuje się przejście od „gry o duszę" do dzieła Bożego, nad którym czuwam Ja!

Przyjmijmy na razie, że ty nadal grasz o swoją duszę. Dążysz do urzeczywistnienia swej prawdziwej istoty. Życie zapewni ci wiele sposobności do jej tworzenia (pamiętaj, że w życiu nie odkrywasz, lecz tworzysz).

Proces ten możesz rozpoczynać wciąż od nowa. I tak jest naprawdę – każdego dnia. Nie zawsze jednak zdobywasz się na taką samą odpowiedź. Nawet jeśli doświadczenie zewnętrzne będzie identyczne, jednego dnia możesz postanowić być w stosunku do niego cierpliwy, życzliwy, miłujący. Drugiego dnia możesz okazać „mroczną stronę", złość, smutek.

Mistrzem jest ten, kto **zawsze zdobywa** się na taką samą odpowiedź – a jest nią **najwyższy wybór.**

Pod tym względem Mistrz daje się przewidzieć. Adept z kolei jest całkowicie nieobliczalny. Stopień zaawansowania na drodze duchowej można określić po tym, jak dalece twój wybór w odpowiedzi na sytuację jest przewidywalny.

Oczywiście, powstaje pytanie, co stanowi **najwyższy wybór?**

Zagadnienie to poruszały filozofie i teologie od zarania dziejów. Jeśli ta kwestia nie jest ci obojętna, **już wstąpiłeś na duchową drogę.** Albowiem rzecz ma się tak, że ogół ludzi obchodzi zupełnie inne zagadnienie. Nie – co stanowi najwyższy wybór, ale najbardziej korzystny? Albo: jak najmniej stracić?

Kiedy żyje się, opierając się na rachunku zysków i strat, zaprzepaszczona zostaje prawdziwa **wartość** życia. Szansa jest zmarnowana, sposobność nie wykorzystana. Albowiem przez takie życie wyziera strach, takie życie zadaje kłam twej istocie.

Gdy nie jesteś strachem, stajesz się miłością. Miłością, której nie trzeba chronić, której nie można utracić. Jednak nigdy nie zaznasz jej w swoim **doświadczeniu,** jeśli zaprzątać cię będzie nieustannie to drugie zagadnienie, a nie pierwsze. Gdyż tylko ten, kto myśli, że w życiu jest coś do **zdobycia lub stracenia,** stawia to drugie pytanie. I tylko ten, kto postrzega życie inaczej; kto ceni

Jaźń; kto rozumie, że prawdziwym sprawdzianem nie jest wygrana bądź przegrana, lecz miłość lub brak miłości – tylko taka osoba zadaje pierwsze pytanie.

Ten, który stawia drugie pytanie, oznajmia: „Ja to moje ciało". Ta, która zadaje pytanie pierwsze, oświadcza: „Ja to moja dusza".

Niechaj ci, którzy mają uszy, słuchają. Albowiem powiadam ci: we wszelkich ludzkich relacjach, gdy dochodzi do sytuacji krytycznej, pozostaje jedno jedyne pytanie:

Jak postąpiłaby teraz miłość?

Nic innego nie ma znaczenia, nic innego dla duszy się nie liczy.

Ocieramy się tutaj o nader delikatną kwestię interpretacji, bowiem zasada czynu płynącego z miłości została opacznie zrozumiana – i to niezrozumienie zrodziło zawód i rozgoryczenie, tak wiele osób wiodąc na manowce.

Od wieków wpajano ci, że czyn płynący z miłości podyktowany jest wyborem tego, co przyniesie największe dobro drugiemu.

Lecz Ja mówię: wybór najwyższy to taki, który przyniesie największe dobro **tobie.**

Jednak jak to z głębokimi prawdami duchowymi bywa, również tę mądrość łatwo wypaczyć. Rzecz wyjaśnia się trochę z chwilą, kiedy uznasz, co stanowi największe dobro, jakie mógłbyś dla siebie uczynić. A kiedy dokonasz najwyższego wyboru, mroki tajemnicy rozwiewają się do końca, krąg się dopełnia i najwyższe dobro dla ciebie **staje się** największym dobrem dla drugiego.

Trzeba wielu wcieleń, aby to pojąć – a jeszcze więcej, aby to wprowadzić w życie – gdyż prawda ta zazębia się z inną, jeszcze donioślejszą: Cokolwiek uczynisz dla swojej Jaźni, uczynisz dla drugiego. Co czynisz drugiemu, czynisz swej Jaźni.

A to dlatego, że ty i ten drugi to jedno.

A to z kolei dlatego, że...

Nie ma nic prócz Ciebie.

Głosili to wszyscy Mistrzowie stąpający po tej ziemi. („Zaprawdę, zaprawdę, powiadam wam, cokolwiek uczyniliście najmniejszemu z mych braci, Mnieście uczynili.") Jednak dla ogółu ludzi jest to wzniosła sentencja ezoteryczna, z **niewielkim zastosowaniem praktycznym.** Tymczasem z wszelkich „ezoterycznych" prawda ta ma największe praktyczne zastosowanie.

Należy mieć ją na uwadze tworząc związki, gdyż bez niej trudno sobie poradzić.

Zajmijmy się teraz stroną praktyczną, pomijając na razie wymiar czysto duchowy, ezoteryczny tej mądrości.

W myśl dawnego pojmowania, ludzie kierujący się dobrymi pobudkami, często pobożni, starali się swojemu partnerowi dogodzić, zapewnić to, co, ich zdaniem, było dla niego najlepsze. Niestety, w większości przypadków kończyło się to doznawaniem zniewag. Złym traktowaniem. Zaburzeniem związku.

Osoba, która usiłuje postępować „słusznie" z punktu widzenia partnera, a więc szybko wybacza, okazuje współczucie, przymyka oczy na niektóre zachowania i problemy, koniec końców wpada w rozgoryczenie, gniew, staje się nieufna, nawet wobec Boga. Jak bowiem sprawiedliwy Bóg może wymagać nieustannej udręki, poświecenia, rezygnacji, nawet w imię miłości?

Prawda jest taka, że Bóg tego nie chce. Bóg prosi tylko, żebyś **zaliczył też siebie do tych, których kochasz.**

Bóg idzie dalej. Sugeruje – **zaleca** – abyś stawiał siebie na pierwszym miejscu.

Wiem, że niektórzy uznają to za bluźnierstwo, za słowa, które nie mogą pochodzić od Boga, i znajdą się jeszcze inni, którzy dopuszczą się rzeczy gorszej: **przyjmą** to jako słowo Boże i przekręcą lub nagną, aby wykorzystać do własnych celów; usprawiedliwić bezbożne uczynki.

Powiadam ci – stawianie siebie na pierwszym miejscu w znaczeniu najwyższym **nigdy** nie prowadzi do czynu bezbożnego.

Jeśli więc przyłapałeś się na niegodnym postępku, będącym wynikiem jak najlepszych wobec siebie intencji, błąd wynika nie z tego, że postawiłeś na pierwszym miejscu siebie, ale że opacznie pojąłeś, co jest dla ciebie najlepsze.

Oczywiście, ustalenie, co jest dla ciebie najlepsze, wymaga również określenia, co chcesz osiągnąć. Ten istotny element często jest pomijany. O co ci w życiu „chodzi"? Jaki masz cel? Bez odpowiedzi na te pytania kwestia tego, co jest „najlepsze" w danych okolicznościach, pozostanie zagadką.

W wymiarze praktycznym, jeśli chcesz kierować się swoim dobrem w sytuacji, gdy doznajesz krzywdy, pierwszym krokiem będzie przerwanie tej sytuacji. Będzie to z korzyścią i dla ciebie jako pokrzywdzonego i dla krzywdzącego. **Albowiem nawet ten, który krzywdzi, doznaje krzywdy, jeśli pozwala mu się wyrządzać krzywdę.**

Przynosi mu to szkodę, a nie uleczenie. Gdyż jeśli ten, kto się znęca, przekonuje się, że jego działanie spotyka się z akceptacją, jaka wyniósł stąd naukę? Lecz jeśli przekona się, że znęcanie się jest niedopuszczalne, jaką prawdę dzięki temu odkryje?

Dlatego też okazywanie innym miłości niekoniecznie oznacza pozwalanie im na wszystko.

Rodzice uczą się tego wcześnie w postępowaniu z dziećmi. Dorośli niechętnie stosują to wobec innych dorosłych czy naród wobec drugiego narodu.

Lecz tyranom nie można pobłażać, ich tyranii trzeba położyć kres. W imię miłości własnej i **miłości dla tyrana.**

Oto odpowiedź na twoje pytanie, „Jak można usprawiedliwić wojnę, skoro miłość jest wszystkim, co istnieje?"

Czasem człowiek musi pójść na wojnę, aby dać najwspanialszy wyraz swej prawdziwej istocie – która brzydzi się wojną.

Przychodzi czas, że musisz **wyrzec się** tego, Czym Jesteś, aby tym **być.**

Niektórzy Mistrzowie nauczają: nie możesz **mieć** wszystkiego, dopóki nie będziesz gotów ze wszystkiego **zrezygnować.**

Tak więc, aby ustanowić siebie jako zwolennika pokoju, człowiek musi nieraz rozstać się ze swym wizerunkiem kogoś, kto nigdy nie wojuje. Takie decyzje często narzucała ludziom historia.

To samo odnosi się do intymnych związków ludzkich. Życie może domagać się od ciebie, abyś określił swą tożsamość okazując to, czym nie jesteś.

Nie jest trudno to zrozumieć, jeśli się trochę pożyło, choć idealistycznie nastawionym młodym może się to wydać skrajną sprzecznością. Z perspektywy dojrzałości jawi się to bardziej jako boska dychotomia.

Nie znaczy to jednak, że jeśli ktoś ciebie zrani, ty musisz mu odpłacić tym samym. (Podobnie ma się rzecz w stosunkach między narodami.) Po prostu chodzi o to, że **przyzwolenie** na wyrządzanie krzywdy raczej nie jest przejawem miłości – do siebie czy do drugiego.

To powinno załatwić sprawę pacyfistycznych poglądów, zgodnie z którymi najwyższa miłość wymaga bierności w obliczu tego, co uznajesz za zło.

Ponownie wkraczamy na obszary ezoteryczne, ponieważ żadne poważne omówienie tego stwierdzenia nie może obyć się bez słowa „zło" i wartościujących sądów, jakie prowokuje. W rzeczywistości nie ma zła, są obiektywne zjawiska i doświadczenie. Jednak zadanie, jakie masz do wykonania w życiu, wymaga, abyś z rosnącego zbioru bezkresnych zjawisk wybrał rozproszoną garstkę tych, które uznasz za złe. Jeśli bowiem tego nie uczynisz, nie będziesz mógł nazwać dobrym ani siebie, ani czegokolwiek innego, a przez to poznać czy stworzyć swą Jaźń.

Przez to, co zwiesz złem, określasz siebie – jak i przez to, co zwiesz dobrem.

Największym złem byłoby więc niedostrzeganie zła w ogóle.

Twoje życie toczy się w obrębie świata relatywnego, gdzie dana rzecz może zaistnieć tylko w stosunku do innej. To właśnie stanowi funkcje i przeznaczenie związków: związki mają ci dostarczać obszaru doświadczenia, w którym możesz się odnaleźć, określić i – jeśli postanowisz – nieustannie tworzyć siebie na nowo.

Bycie na podobieństwo Boga nie oznacza wyboru losu męczennika. I na pewno nie wymaga pogodzenia się z losem ofiary.

Na duchowej drodze – której końcowym etapem jest stan wykluczający odczuwanie bólu, straty czy urazy – warto uznać doznania bólu, straty i urazy za nieodłączne składniki doświadczenia, i wybrać wobec nich postawę odpowiadającą temu, Czym Jesteś.

Istotnie, myśli, słowa i uczynki innych nierzadko ranią – lecz tylko do czasu. Najszybszym sposobem na przebycie tego etapu jest całkowita szczerość – gotowość do zaakceptowania, uznania zasadności i otwartego wyrażenia tego, co czujemy w danej sprawie. Głoś swoją prawdę – łagodnie, ale w całej pełni. Żyj swoją prawdą – spokojnie, ale konsekwentnie i bez reszty. Zmieniaj swoją prawdę swobodnie i bezzwłocznie, kiedy dzięki doświadczeniu uzyskasz nowy wgląd.

Nikt rozsądny, a tym bardziej Bóg, nie kazałby ci, gdy twój partner cię zrani, „zdystansować się i nie przywiązywać do tego znaczenia". Jeśli już ci to sprawia ból, to za późno na nieprzywiązywanie znaczenia. Teraz twoim zadaniem jest określenie właśnie, **co to oznacza** – i okazanie tego.

Więc nie muszę być dręczoną żoną, poniewieranym mężem ani ofiarą związków po to, aby je uświęcić, albo znaleźć uznanie w oczach Boga?

Wielkie nieba, oczywiście, że nie.

I nie muszę znosić ciągłego naruszania mojej godności, obrażania dumy, maltretowania psychiki i ranienia serca, aby móc powiedzieć, że „robiłem, co mogłem", „spełniłem obowiązek", „dotrzymałem przyrzeczenia"?

Ani przez minutę.

Więc błagam, powiedz mi, Boże – jakie obietnice powinienem składać tworząc związek; jakich umów dotrzymać? Jakie zobowiązania nakładają na nas związki? Gdzie szukać wskazówek?

Odpowiedź i tak do ciebie nie trafi – ponieważ zostawia cię bez żadnych wskazówek i unieważnia wszelkie umowy, jakie zawierasz. Po prostu nie masz **żadnych** zobowiązań. Ani w związkach z innymi, ani w całym życiu.

Żadnych zobowiązań?

Żadnych. Ani ograniczeń, ani zasad czy wytycznych. Nie krepują cię żadne okoliczności czy sytuacje, nie przymusza żaden kodeks czy prawo. Nie podlegasz żadnej karze za obrazę Boga, ani nie jesteś do niej zdolny, bowiem w oczach Boga nic nie jest obraźliwe.

Słyszałem to już przedtem – życie bez zasad. To duchowa anarchia. Nie wiem, jak to się może sprawdzać.

Nie ma sposobu, aby się **nie** sprawdziło – o ile chodzi ci o stwarzanie Jaźni. Jeśli jednak wyobrażasz sobie, że twoje zadanie polega na byciu tym, kim ktoś **inny** chce, abyś był, w takiej sytuacji rzeczywiście brak reguł czy wskazówek niezwykle sprawę utrudnia.

Ale rozum dociekа: jeśli Bóg oczekuje ode mnie określonego sposobu bycia, to dlaczego po prostu mnie takim nie stworzył? Dlaczego muszę się tak męczyć, aby stać się takim, jakim chce mnie widzieć Bóg? Dociekliwy umysł domaga się odpowiedzi – i słusznie, bo problem ujęty został trafnie.

Dogmatycy religijni próbują wam wmówić, że to Ja niby stworzyłem was jako od siebie gorszych po to, abyście mogli się stać tacy jak Ja, pokonując wszelkie przeciwności – i ośmielę się dodac, zwalczając **naturalne skłonności, w które Ja was podobno wyposażyłem.**

Należy do nich skłonność do grzechu. Uczy się was, że **w grzechu się narodziliście i w grzechu dokonacie żywota, i że grzeszenie leży w waszej naturze.**

Jedna z waszych religii głosi nawet, **że nic nie możecie na to poradzić.** Wasze działania są daremne i bez znaczenia. Przejawem pychy jest sądzić, że można swoimi uczynkami „zapracować sobie" na niebo. Do nieba prowadzi tylko jedna droga i jest nią łaska, jakiej udziela ci Bóg za pośrednictwem Syna, którego uznałeś za swego zbawiciela.

Kiedy to nastąpi, zostajesz „zbawiony". Dopóki to nie nastąpi, próżne są wszelkie twe działania – życie, jakie prowadzisz, wybory, jakich dokonujesz, wysiłki na rzecz samodoskonalenia lub uczynienia się godnym w oczach Boga, wszystko to nie ma absolutnie żadnego wpływu. Nie jest w twojej mocy uczynić się godnym, gdyż jesteś z gruntu niegodziwy. Takim zostałeś stworzony.

Dlaczego? Bóg jeden wie. Może popełnił błąd. Nie całkiem mu wyszło. Może chciałby zabrać się do tego jeszcze raz. Ale cóż począć...

Urządzasz sobie ze mnie kpiny.

Nie, to wy kpicie sobie ze **Mnie.** Mówicie, że Ja, Bóg, stworzyłem z gruntu ułomne istoty, a następnie zażądałem, abyście stali się doskonali, w przeciwnym razie grożąc wam potępieniem.

Powiadacie, że po upływie kilku tysięcy lat **złagodziłem swoje wymagania,** ogłaszając, że odtąd niekoniecznie musicie być dobrzy, za to kiedy robicie coś złego, musicie mieć wyrzuty sumienia i przyjąć za swego zbawiciela tę jedyną istotę, która zawsze była bez skazy, zaspokajając w ten sposób moje pragnienie doskonałości. Mówicie, że Mój Syn – którego nazywacie Jedynym Doskonałym Bytem – odkupił waszą ułomność – ułomność **pochodzącą ode Mnie.**

Innymi słowy, Syn Boży wyratował was z tego, **w co wpakował was Jego Ojciec.**

Oto jak Ja to urządziłem, w powszechnym mniemaniu.

I kto tu z kogo się naigrawa?

To już drugi raz w tej książce przypuszczasz frontalny atak na chrześcijański fundamentalizm. Dziwi mnie to.

Ty to nazwałeś „atakiem". Ja po prostu rozważam zagadnienie. A chciałbym ci uzmysłowić, że nie chodzi tu o „chrześcijański fundamentalizm", jak ty to ująłeś. Przedmiotem zagadnienia jest natura Boga i Jego stosunek do człowieka.

Podnoszę to przy okazji omawiania zobowiązań – w związkach osobistych i w samym życiu.

Nie możesz uwierzyć w związek wolny od zobowiązań, ponieważ nie potrafisz zaakceptować siebie takim, jakim jesteś naprawdę. Życie w całkowitej wolności nazywasz „duchową anarchią". Dla mnie to wielka Boża obietnica.

Tylko w ramach tejże obietnicy może zostać spełniony wielki Boży plan.

W związku z drugim człowiekiem nie masz **żadnych** zobowiązań. Masz tylko sposobność.

To sposobność, nie obowiązek, jest kamieniem węgielnym religii, podwaliną wszelkiej duchowości. Tak długo, jak będziesz widział to na odwrót, umykać ci będzie istota sprawy.

Relacje – ze wszystkim, co cię otacza – zostały pomyślane jako idealne narzędzie do pracy nad duszą. To dlatego wszelkie związki ludzkie są święte. To dlatego każdy związek osobisty jest obszarem uświęconym.

Pod tym względem kościoły nie mijają się z prawdą. Małżeństwo rzeczywiście stanowi sakrament. Ale nie z uwagi na święte obowiązki, jakie ze sobą niesie. Raczej z powodu niezrównanych możliwości, jakie stwarza.

Nie kieruj się nigdy poczuciem obowiązku wobec partnera. Rób wszystko z poczucia wspaniałej sposobności, jaką daje ci ten związek, sposobności do ustanowienia i bycia, Kim W Istocie Jesteś.

To do mnie przemawia – mimo to za każdym razem kiedy mój kolejny związek przeżywał kryzys, odchodziłem. W rezultacie uzbierało się ich kilka, podczas gdy jako chłopak sądziłem, że poprzestanę na jednym. Nie potrafię wytrwać w związku. Myślisz, że kiedyś się tego nauczę? Jak mogę się do tego przyczynić?

Brzmi to tak, jakby wytrwanie w związku było równoznaczne z powodzeniem. Nie myl długości z jakością. Pamiętaj, że twoim zadaniem tutaj nie jest sprawdzenie, jak długo jesteś w stanie pozostać w związku z drugą

osobą, ale przede wszystkim ustalenie, Czym Jesteś W Istocie, a następnie doświadczenie tego.
Nie zachęcam bynajmniej do tworzenia związków krótkotrwałych, lecz nie ma też wymogu długotrwałości. Mimo to choć nie ma takiej konieczności, na rzecz długotrwałych związków przemawia to, iż stanowią niezwykła okazje do **obopólnego** rozwoju, **obopólnego** wyrażania siebie i **obopólnego** spełnienia, co samo w sobie stanowi cenną ich zaletę.

Właśnie, właśnie! To znaczy, chciałem powiedzieć, że od dawna to podejrzewałem. Więc jak to osiągnąć?

Po pierwsze, upewnij się, że wchodzisz w związek z właściwych powodów. („Właściwych" jest tutaj pojęciem względnym: „właściwych" w odniesieniu do twego doniosłego celu życiowego.)

Na co zwracałem uwagę już wcześniej, ludzie często są ze sobą z powodów „niewłaściwych" – po to, aby uniknąć samotności, zapełnić brak, pozyskać miłość albo kogoś do kochania, żeby wymienić kilka tych **chlubniejszych.** Zdarza się jednak, że powodują nimi inne względy – ratowanie ego, przełamanie depresji, wzbogacenie swojego życia erotycznego, dojście do siebie po związku poprzednim albo, choć to niewiarygodne, robią to dla rozrywki.

Żaden z tych powodów nie jest dostateczny i jeśli nie nastąpi jakiś dramatyczny zwrot, związek nie wypali.

Ja nie kierowałem się takimi względami.

Ośmielam się wątpić. Nie sądzę, abyś zdawał sobie sprawę, dlaczego wchodziłeś w kolejne związki. Nie sądzę, abyś na to patrzył pod tym kątem. Nie sądzę, abyś tworzył związki z myślą o ich celu. Na pewno wiązałeś się z drugą osobą, ponieważ byłeś „zakochany".

Dokładnie, tak.

I przypuszczam, że nigdy nie zastanawiałeś się, dlaczego „się zakochałeś"? Co wzbudziło w tobie taką właśnie reakcję? Jaką potrzebę, albo cały ich szereg, w ten sposób zaspokajałeś?

W większości przypadków miłość pojawia się jako odzew na zaspokojenie potrzeb.

Potrzeby ma każdy. Ty potrzebujesz tego, drugi czego innego. Oboje upatrujecie w sobie nawzajem szansy na ich zaspokojenie. Zawieracie milczącą umowę: odstąpię ci to, co mam, o ile ty dasz mi w zamian to, co masz.

To handel wymienny. Ale wy nie nazywacie rzeczy po imieniu. Nie mówicie: „To dla nas opłacalne". Mówicie: „Kochamy się". I stąd bierze się rozczarowanie.

Już to wcześniej mówiłeś.

A ty to wcześniej **robiłeś** – nie raz, lecz wiele razy.

Czasem mam wrażenie, że wciąż obracamy się wokół tych samych spraw.

Tak jak w życiu.

Trafiony!

Rzecz polega na tym, że ty zadajesz mi pytania, a Ja na nie odpowiadam. Jeśli ty zadajesz to samo pytanie na różne sposoby, Ja muszę się dostosować.

Nie wiem, może mam nadzieję, że usłyszę inną odpowiedź. Odzierasz związki z romantycznej aury. Co ***złego*** *w tym, że ktoś zakocha się nieprzytomnie i nie* ***zastanawia*** się *nad tym?*

Nic. Zakochuj się, ile ci się żywnie podoba. **Ale jeśli zamierzasz stworzyć związek na całe życie, przyda się odrobina rozwagi.**

Z drugiej strony, jeśli bawi cię wchodzenie w związki jak w wodę – albo, co gorsza, tkwienie w jednym, ponieważ uważasz, że tak trzeba, i zamartwianie się po kryjomu – jeśli bawi cię powtarzanie wzorców z przeszłości, brnij dalej.

Dobrze, już dobrze. Rozumiem. Ale Ty jesteś niestrudzony!

Tak to już jest z prawdą. **Prawda** jest niestrudzona. Nie zostawi cię w spokoju. Zewsząd na ciebie bezustannie napiera, pokazując, jak w istocie jest. To może drażnić.

Zgoda. Więc chciałbym zdobyć narzędzia potrzebne do budowy długotrwałego związku – a ty twierdzisz, że wejście w związek z myślą o celu jest jednym z nich?

Tak. Upewnij się, że między tobą i partnerem panuje zgodność co do celu.

Jeśli świadomie przyjmiecie, że jesteście ze sobą nie dlatego, że się do tego zobowiązujecie, ale ponie-

waż chcecie zapewnić sobie nawzajem możliwość – możliwość tworzenia Jaźni, wznoszenia swego życia na wyżyny waszego potencjału, uleczenia fałszywego czy niskiego mniemania o sobie i przez bliskie obcowanie waszych dusz, złączenia się z Bogiem – jeśli to sobie będzie ślubować zamiast składać zwyczajo we śluby małżeńskie – wówczas wasz związek ma szansę powodzenia. Rozpoczął się w dobrym duchu.

Ale gwarancji nie ma.

Jeśli chcesz w życiu gwarancji, w takim razie nie chcesz życia. Zamiast niego wolisz próby do przedstawienia z gotowym scenariuszem.

W życiu nie ma miejsca na gwarancje, w przeciwnym razie udaremniony zostałby cały jego cel.

W porządku. Przyjąłem. Więc teraz udało mi się w moim związku „zrobić dobry początek". Jak to utrzymać?

Wiedząc i rozumiejąc, że pojawią się trudności i wyzwania.

Nie próbuj ich unikać. Witaj je z otwartymi ramionami. Dostrzeż w nich wspaniałe dary od Boga; świetne okazje do urzeczywistnienia tego, co zamierzałeś osiągnąć w związku i – w życiu.

Postaraj się w takich chwilach nie widzieć w swoim partnerze wroga czy przeciwnika.

Właściwie nie dostrzegaj zagrożenia w nikim, nie traktuj niczego jak problem. Ćwicz umiejętności widzenia możliwości w miejscu kłód rzucanych pod nogi. Możliwości...

... Wiem, wiem – „ustanowienia i bycia tym, Kim W Istocie Jesteś."

Nareszcie! Nareszcie to chwytasz!

To niezbyt zachęcająca perspektywa na życie.

W takim razie za nisko ustawiłeś celownik. Poszerz swoje horyzonty. Pogłęb widzenie. Zauważaj w sobie więcej, niż, twoim zdaniem, się tam mieści. Dostrzegaj też więcej w swoim partnerze.

Na pewno wyjdzie to na dobre twojemu związkowi – i każdemu innemu – jeśli będziesz w innych widział więcej, niż ci okazują. Bo jest w nich więcej. O wiele więcej. Tylko lęk nie pozwala im tego objawić. Jeśli spostrzegą, że w twoich oczach są czymś więcej, nabiorą śmiałości, aby pokazać ci to, co już w nich widzisz.

Ludzie starają się sprostać oczekiwaniom innych.

Coś w tym rodzaju. Ale nie podoba mi się słowo „oczekiwania". Oczekiwania **niszczą** związki. Powiedzmy, że ludzie przeważnie widzą w sobie to, co my w nich dostrzegamy. Im łaskawszy nasz wzrok, tym większa u nich ochota uwidocznienia tej ich cząstki, **którą myśmy im wskazali.**

Czy nie na tym polega sekret szczęśliwych związków? Czy nie do tego sprowadza się uzdrawianie – na mocy którego dajemy ludziom bodziec do porzucenia wszelkich kłamliwych myśli na swój temat?

Czy nie robię tego właśnie tutaj, w tej książce, dla **ciebie?**

Racja.

Oto dzieło Boże. Zadaniem duszy jest swoje przebudzenie. Dziełem Bożym jest budzenie innych.

A to można osiągnąć widząc ich, Jakimi Są Naprawdę – i stale im o tym przypominając.

Istnieją na to dwa sposoby: przypominanie im, Kim Są Naprawdę (rzecz bardzo trudna, ponieważ ci nie uwierzą), oraz pamiętanie, Kim Naprawdę Jesteś Ty (rzecz o wiele łatwiejsza, ponieważ nie wymaga niczyjej wiary, tylko twojej). Ciągłe tego okazywanie sprawi, że inni w końcu przypomną sobie, Kim Są Naprawdę, gdyż dojrzą w tobie samych siebie.

Wielu Mistrzów przybyło na Ziemię, aby sobą objawić Odwieczną Prawdę. Byli też posłańcy, tacy jak Jan Chrzciciel, którzy Prawdę chlubnie głosili, mówili o Bogu z niezrównaną jasnością.

Dany im był dar nadzwyczajnego wglądu, szczególne otwarcie na Odwieczną Prawdę i zdolność przekazywania zawiłych pojęć w sposób przyswajalny dla mas.

Ty też jesteś posłańcem.

Ja?

Tak. Nie wierzysz?

Tak trudno się z tym pogodzić. Chodzi mi o to, że każdy pragnie być wyjątkowy...

... jesteście wszyscy wyjątkowi...

i odzywa się ego – przynajmniej we **mnie**, *i stara się wywołać poczucie, że zostałem „powołany" do jakiegoś wielkiego zadania. Wciąż muszę zwalczać swoje ego, śledzić i korygować myśli, słowa, uczynki, aby wyłączyć z tego wszelkie osobiste korzyści. Niezręcznie więc jest słuchać tego, co mówisz, gdyż to schlebia mojemu ego, a ja całe życie próbuję je ukrócić.*

Wiem. Nie zawsze z powodzeniem.

Z bólem muszę przyznać ci rację.

Lecz wobec Boga potrafiłeś wyzbyć się ego. Niejedną noc błagałeś o jasność, zaklinałeś niebiosa, aby udzieliły ci wglądu, nie po to, aby przydać sobie zaszczytu czy się wzbogacić, ale z czystego, głębokiego pragnienia wiedzy.

Zgadza się.

Przyrzekałeś mi po wielekroć, że jeśli dostąpisz tej wiedzy, resztę swego życia – każdą chwilę na jawie – poświecisz dzieleniu się Odwieczną Prawdą z innymi... nie dla chwały, lecz ze szczerej chęci uśmierzenia bólu i cierpienia; niesienia radości, ulgi, pomocy; przywrócenia poczucia wspólnoty z Bogiem, jakiej zawsze doświadczałeś.

Tak. Tak.

Dlatego wybrałem cię na Mojego posłańca. Ciebie i wielu innych. Albowiem w nadchodzących czasach świat będzie potrzebował fanfary mnogich trąb, chóru głosów obwieszczających prawdę, zwiastujących uzdrowienie, którego wyczekują miliony. Potrzeba będzie licznych serc złączonych w pracy nad duszą i gotowych podjąć dzieło Boże.

Czy możesz z czystym sumieniem stwierdzić, że nie jesteś tego świadomy?

Nie.

Czy możesz z czystym sumieniem zaprzeczyć, że właśnie po to tu przybyłeś?

Nie.

Czy jesteś więc gotowy, za pośrednictwem tej książki, ustanowić i ogłosić swoją Odwieczną Prawdę, i dać wyraz Mojej?

Czy muszę zamieścić te ostatnie kwestie?

Nie ma żadnego przymusu. Pamiętaj, że w naszym układzie nie ciążą na tobie żadne zobowiązania. Jest tylko sposobność. Czy nie na tę sposobność czekałeś całe swoje życie? Czy nie oddałeś duszy tej misji i przygotowaniom do niej, **już od najmłodszych lat?**

To prawda.

Zatem rób nie to, do czego jesteś zobowiązany, ale do czego masz okazję. Jeśli zaś chodzi o zawarcie wszystkiego w naszej książce, czy są jakieś przeciwwskazania? Myślisz, że masz być tajnym posłańcem?

Nie, chyba nie.

Ogłoszenie światu, że przychodzisz od Boga, wymaga odwagi. Rozumiesz przecież, że świat chętniej uzna w tobie kogokolwiek innego, ale Bożego **posłańca?** Każdego, kogo posłałem, okryto niesławą. Nie dość, że nie zyskali chwały, to w udziale przypadła im tylko zgryzota.

Czy jesteś chętny? Czy twoje serce rwie się do głoszenia prawdy o Mnie? Czy nie boisz wystawić się na pośmiewisko bliźnich? Czy jesteś gotów wyrzec się ziemskiej chwały na rzecz większego zaszczytu – do końca spełnionej duszy?

To wszystko brzmi bardzo poważnie, Boże.

Wolałbyś, żebym pożartował na ten temat?

Przydałoby się rozjaśnić trochę atmosferę.

Oświecenie to moja specjalność. Może zakończymy ten rozdział dowcipem?

Dobry pomysł. Znasz jakiś?

Nie, ale ty znasz. Opowiedz ten o dziewczynce rysującej obrazek...

Ach ten... Zgoda. Pewnego dnia mama wchodzi do kuchni i widzi córeczkę siedzącą przy stole. Wszędzie rozrzucone są kredki i mała jest głęboko skupiona na rysowaniu. „Co takiego rysujesz?", pyta mama. „To będzie Bóg, mamusiu", odpowiada śliczna dziewczynka z pałającym wzrokiem. „To takie urocze, skarbie – mówi mama życzliwie – ale przecież nikt naprawdę nie wie, jak wygląda Bóg".

„Ależ mamusiu – szczebiocze dziewczynka – pozwól mi tylko skończyć..."

Pyszny dowcip. A wiesz, co jest w nim najpiękniejsze? Dziewczynka ani przez chwilę nie wątpiła, że dokładnie wie, jak Mnie narysować!

Tak.

Teraz Ja opowiem ci pewną historię i tym zamkniemy rozdział.

Zgoda.

Był kiedyś mężczyzna, który ku swojemu zdziwieniu oddał się nagle bez reszty pisaniu książki. Dzień po dniu – czasem nawet w środku nocy – chwytał za pióro, aby utrwalić każdą nową myśl. Wreszcie ktoś zapytał go, nad czym tak pracuje.

„Och, zapisuję bardzo długą rozmowę, jaką prowadzę z Bogiem."

„To urocze – odparł ów znajomy mile – ale przecież wiesz, że nikt do końca nie wie, co powiedziałby Bóg".

„Ależ – odpowiada mężczyzna – **pozwól mi tylko skończyć".**

9

Może ci się wydawać łatwe to „Bycie Naprawdę Sobą", ale w istocie stanowi ono największe wyzwanie, jakie stawia przed tobą życie. Może nigdy nie uda ci się mu sprostać. Niewielu wychodzi z tego zwycięsko. Nie w ciągu jednego życia. Nawet nie w ciągu wielu żywotów.

To po co próbować? Po co się męczyć. Komu to potrzebne? Dlaczego nie przyjmować życia takim, jakim najwyraźniej jest – bezsensowną zabawą, nie przynoszącą żadnego konkretnego wyniku, w której i tak przegrać nie możesz, która ostatecznie kończy się tym samym dla każdego? Skoro nie ma piekła, nie ma potępienia i porażka jest niemożliwa, to po co walczyć o zwycięstwo? W imię czego podejmować wysiłek, zwłaszcza że tak trudno, jak mówisz, jest dotrzeć na miejsce? Może powinniśmy dać sobie więcej czasu i z większym luzem podchodzić do całej sprawy, do Boga i „Bycia Naprawdę Sobą".

Ktoś tu chyba zżera frustracja...

Mam już dość tego starania się wciąż, po to tylko, żeby usłyszeć, jak trudno to osiągnąć, że udaje się tylko jednemu na milion.

Tak, to widać. Myślę, jakby ci pomóc. Przede wszystkim pragnę zwrócić uwagę, że już dałeś sobie sporo czasu. Czy myślisz, że to twoje pierwsze podejście?

Nie mam pojęcia.

Nie wydaje ci się, że próbowałeś tego wcześniej?

Czasem tak.

Próbowałeś. I to nie raz.

Ile razy?

Wiele.

I to ma być dla mnie zachęta?

To ma być inspiracja.

Jak to?

Po pierwsze, usuwa wszelką niepewność. Wiąże się to z tym, o czym właśnie mówiłeś – niemożliwością porażki. Umacnia w tobie przekonanie, że przeznaczone ci jest **nie przegrać.** Że zyskasz **tyle sposobności, ile będziesz chciał i potrzebował.** Możesz powracać wciąż na nowo. Jeśli przejdziesz do następnego etapu, jeśli uzyskasz postęp, to dlatego, że **tego pragniesz,** a nie, że **musisz.**

Niczego nie musisz! Jeśli odpowiada ci życie na tym poziomie, jeśli ci to całkowicie wystarcza, możesz powtarzać to doświadczenie do woli! Właściwie **już** powtarzałeś je do woli – dokładnie z tego powodu! Uwielbiasz ten dramatyzm. Uwielbiasz ten ból. Uwielbiasz „niewiedzę", tajemniczość, napięcie! Dlatego tu jesteś!

Chyba mnie nabierasz?

Czy mógłbym żartować sobie z takiej sprawy?

Nie wiem, z czego wolno Bogu żartować.

Nie z takich rzeczy. To ociera się o Prawdę; o Ostateczne Zrozumienie. Tu nikogo nie nabieram. Twój umysł już dostatecznie ucierpiał wskutek indoktrynacji. Nie zamierzam mącić ci w głowie. Zamierzam przywrócić ci jasność.

Wyjaśnij więc. Jestem tutaj, ponieważ tego chcę?

Oczywiście.

Ponieważ tak wybrałem?

Tak.

I wybierałem to wiele razy?

Wiele.

Ile razy?

Znowu to samo. Mam ci podać dokładne wyliczenie?

Wystarczy w przybliżeniu. W grę wchodzą dziesiątki?

Setki.

Setki? To znaczy, że żyłem już więcej niż sto razy?

Zgadza się.

I zaszedłem tylko dotąd?

To sporo.

Czyżby?

Bezwarunkowo. W poprzednich wcieleniach zabijałeś ludzi.

Czy to coś złego? Sam mówiłeś, że czasem potrzeba wojny, aby położyć kres złu.

Będziemy musieli zatrzymać się na tym zagadnieniu, ponieważ stwierdzenie to często nagina się – jak ty właśnie to uczyniłeś – aby usprawiedliwić różnego rodzaju szalone poglądy czy postępki.

Zgodnie z najbardziej wzniosłymi kryteriami przyjętymi przez ludzi, zabijania w żadnym przypadku nie można uzasadnić jako sposobu na „naprawienie zła", wyładowanie gniewu, wyrażenie wrogości czy ukaranie winowajcy. Jest prawdą, że wojna jest nieraz konieczna, aby rozprawić się ze złem – ponieważ wyście tak zadecydowali. To wy postanowiliście, że w tworzeniu Jaźni naczelną wartością musi być poszanowanie ludzkiego życia. Mnie się ta decyzja podoba – gdyż nie po to stworzyłem życie, aby je niszczono.

To szacunek dla **życia** domaga się w pewnych okolicznościach wojny, ponieważ wydając wojnę złu zagrażającemu życiu, dajesz wyraz swojej wobec tego postawie.

Masz moralne prawo – a nawet obowiązek – przeciwstawić się agresji skierowanej przeciwko drugiemu oraz przeciwko sobie.

Nie znaczy to, że słuszne jest zabijanie w ramach kary, zemsty czy w wyniku różnicy zdań.

W przeszłości pozbawiałeś innych życia w pojedynkach, walcząc o względy kobiety, i nazywałeś to stawaniem w **obronie swojego honoru,** podczas gdy w ten sposób honor **traciłeś.** Absurdem jest posługiwanie się zabójczą siłą w **rozstrzyganiu sporów.** Nawet dziś wielu ludzi stosuje przemoc, aby dowieść swojej racji.

Wznosząc się na szczyty hipokryzji, niektórzy zabijają nawet **w imię Boga** – a to najgorsze bluźnierstwo, gdyż zadaje kłam waszej prawdziwej istocie.

W takim razie zabijanie jest *złem?*

Powróćmy raz jeszcze do tego tematu. **Nic** nie jest „złe"; to tylko względna kategoria, przeciwieństwo tego, co nazywasz „dobrem".

Lecz co stanowi „dobro"? Czy można zachować w tych sprawach obiektywizm? A może „dobro" i „zło" to po prostu opis, jakim posługujesz się wobec zdarzeń i okoliczności, opis wynikający z decyzji, jakie podejmujesz w stosunku do nich?

Powiedz mi więc, proszę, na czym opierasz te decyzje? Na własnym **doświadczeniu?** Nie. Przeważnie zadowalasz się przyjęciem **cudzej** decyzji. Jakiegoś swojego poprzednika, który zapewne jest mądrzejszy. Z codziennych osadów w kwestii „dobra" i „zła" zaledwie odrobina jest twoim **samodzielnym** dziełem, płynącym z twojego **rozumienia.**

Dotyczy to zwłaszcza spraw istotnych. W gruncie rzeczy im ważniejsza kwestia, tym mniejsze prawdopodobieństwo, że posłuchasz głosu własnego doświadczenia, tym większa gotowość do uznania cudzych opinii za swoje.

Tłumaczy to, dlaczego zrzekłeś się całkowicie kontroli nad pewnymi dziedzinami swego życia, i dlaczego odsuwasz od siebie pewne pytania, nieodłączne ludzkiemu doświadczeniu.

Są to bardzo często sprawy o **kluczowym** znaczeniu dla twojej duszy: natura Boga, istota prawdziwej moralności, ostateczna rzeczywistość, kwestie życia i śmierci związane z wojną, medycyną, aborcją i eutanazją, ogół osobistych wartości, sadów i konstruktów. Oto jakie brzemię większość z was przerzuciła na barki innych. Nie chcecie sami decydować w tych sprawach.

„Niech kto inny postanowi! Ja się podporządkuję!", wołacie. „Niech ktoś mi powie, co jest dobre, a co złe!"

Stąd bierze się tak ogromna popularność religii. Wydaje się mało istotne, co jest przedmiotem wiary, o ile jest ona stanowcza, konsekwentna, jasna w swoich wymaganiach od wyznawcy oraz sztywna. Biorąc to pod uwagę, nic dziwnego, że ludzie skłonni są uwierzyć niemal w byle co. Bogu przypisuje się najdziwaczniejsze zachowania. Tak chce Bóg, mówi się. To Jego słowa.

I znajdą się chętni, którzy to zaakceptują. **Z radością. Ponieważ to zdejmuje z nich ciężar myślenia.**

Rozważmy teraz kwestię zabijania. Czy możliwe jest uzasadnienie faktu pozbawienia kogoś życia? Zastanów się. Przekonasz się, że nie będzie ci potrzebny żaden autorytet zewnętrzny, aby cię ukierunkować, żadna wyższa instancja, aby dostarczyć ci odpowiedzi. Jeśli pomyślisz, jeśli zwrócisz uwagę na swoje odczucia, odpowiedź sama ci się nasunie i postąpisz zgodnie z nią. Nazywa się to działaniem opierającym się na własnym autorytecie.

Dopiero kiedy odwołujesz się do autorytetu innych, zaczynają się kłopoty. Czy państwa i narody powinny posuwać się do zabijania dla osiągnięcia celów politycznych? Czy religie powinny posuwać się do zabijania w celu wymuszenia posłuchu dla swych teologicznych imperatywów? Czy społeczeństwo powinno uciekać się do uśmiercania tych, którzy naruszają przyjęte zasady zachowania?

Czy zabijanie jest właściwym narzędziem politycznym, argumentem w sprawach duchowych albo rozwiązaniem problemów społecznych?

Z drugiej jednak strony, czy ty posunąłbyś się do zabójstwa w obronie swojego życia? W obronie życia ukochanej osoby? Albo kogoś, kogo nawet nie znasz?

Czy pozbawienie życia jest słuszną formą obrony przed tymi, którzy zabijaliby, gdyby ich nie powstrzymano w jakiś sposób?

Czy jest różnica miedzy zabójstwem a morderstwem?

Państwo domaga się od ciebie wiary w to, że zabijanie dla osiągnięcia celów politycznych można usprawiedliwić. Nawet więcej, państwu **potrzebne** jest twoje zaufanie w tej kwestii po to, aby mogło cieszyć się władzą.

Religia nakazuje ci wierzyć w to, że zabijanie w celu szerzenia i obrony jej szczególnej prawdy można usprawiedliwić. Nawet więcej, religia **wymaga** od ciebie zaufania w tej sprawie, aby mogła cieszyć się władzą.

Społeczeństwo każe ci wierzyć w to, że uśmiercanie jako karę za pewne wykroczenia (ulegające z czasem zmianie) można usprawiedliwić. Nawet więcej, społeczeństwo nie może **obyć się** bez twojego zaufania w tej mierze, aby mogło cieszyć się władzą.

Czy uważasz takie stanowiska za prawidłowe? Czy wierzysz innym na słowo? Co na to twoja Jaźń?

Tu nie ma poglądów „złych" czy „dobrych".

Lecz przez decyzje, jakie w tych kwestiach podejmujesz, tworzysz obraz tego, Czym Jesteś.

W rzeczy samej, wasze narody i państwa już stworzyły taki wizerunek przez podjęte decyzje.

Podobnie religie wywarły niezatarte wrażenia. Społeczeństwa również namalowały swoje podobizny.

Czy te obrazy ci się podobają? Czy takie wrażenie pragniesz wywoływać? Czy te wizerunki oddają to, Kim Jesteś?

Uważaj, te pytania mogą zmusić cię co myślenia.

Myślenie jest trudne, tak jak wartościowanie. Stawia cię w sytuacji czystej kreacji, ponieważ wiele razy będziesz musiał przyznać: „Nie wiem. Po prostu nie wiem." Mimo to musisz postanowić. Zatem musisz **wybrać.** Musisz dokonać wyboru arbitralnego.

Wybór taki – postanowienie **nie narzucone przez zdobytą wcześniej wiedzę – stanowi czyste tworzenie.** I jednostka zdaje sobie sprawę, że przez podejmowanie takich decyzji tworzy się Jaźń.

Większości ludzi nie obchodzą te istotne zagadnienia. Chętnie zdają się na innych. Toteż nie jesteście na ogół własnym dziełem, lecz tworami innych, więźniami nawyku.

Później doświadczacie głębokiego wewnętrznego konfliktu, kiedy wasze odczucia kłócą się z tym, co nakazano wam odczuwać. Coś wam mówi w głębi duszy, że to, co wam wpojono, nie odpowiada waszej prawdziwej tożsamości. Co wtedy robić? Do kogo się zwrócić?

Przede wszystkim udajecie się do ludzi, którzy wpędzili was w to położenie. Udajecie się do księży, kapłanów, rabinów, nauczycieli, a oni każą wam **przestać słuchać** głosu Jaźni. Najgorsi będą na dodatek próbowali was odstraszyć od tego, co intuicyjnie **wiecie.**

Opowiedzą wam o diable, o Szatanie, o demonach i złych duchach, piekle i potępieniu, najbardziej przerażających rzeczach, jakie przyjdą im do głowy, aby zdyskredytować **wasze** poglądy i odczucia. Jako jedyne wybawienie ukażą ci swoje idee, swoją teologię, swoje definicje dobra i zła i **swoją** koncepcję **twojej** osoby.

Cały tego urok polega na tym, że aby zdobyć natychmiastową aprobatę, wystarczy się **zgodzić.** Zgódź się i natychmiast jesteś przyjęty. Niektórzy nawet tańczą, śpiewają i wołają Alleluja!

Trudno się temu oprzeć. Takiej aprobacie, radości, że ujrzałeś światło; że jesteś **zbawiony!**

Wewnętrznym postanowieniom rzadko towarzyszą fanfary i wiwaty. Nie świętuje się hucznie wyborów płynących z osobistej prawdy. Wprost przeciwnie. Zamiast świętować inni mogą cię wyśmiać. Co takiego?

Myślisz **samodzielnie? Sam** decydujesz? Stosujesz własne kryteria, wartości, osady? **Za kogo ty się właściwie masz?**

A właśnie na to pytanie starasz się w ten sposób odpowiedzieć.

Ale ta praca odbywa się w samotności. Bez nagród, bez aprobaty, może nawet niezauważenie.

Słusznie więc pytasz: Po co iść naprzód? Po co w ogóle wybierać się w tę drogę? Co można zyskać? W imię czego podejmować trud? Z jakiego powodu?

Odpowiedź jest śmiesznie prosta.

NIE MA NIC INNEGO DO ZROBIENIA.

Co masz na myśli?

To, że to wasze jedyne zajęcie. Innego nie ma, nic innego **nie możesz robić.** Będziesz to robił przez resztę swojego życia – od narodzin do śmierci. Pozostaje tylko pytanie, czy będziesz to robił świadomie, czy nie.

Widzisz, tej podróży nie można **przerwać.** Wyruszyłeś w nią, zanim się narodziłeś. Twoje narodziny to właściwie znak, że podróż się rozpoczęła.

Nie należy więc pytać: Po co wyruszać w tę drogę? Wszak już wyruszyłeś. Z pierwszym uderzeniem serca. Należy pytać: Czy pragnę przebyć tę drogę w świadomości czy w nieświadomości? Jako sprawcza przyczyna mego doświadczenia czy jako ofiara jego skutków?

Do tej pory byłeś ofiarą skutków swego doświadczenia. Teraz możesz stać się ich sprawczą przyczyną. To właśnie rozumie się pod pojęciem świadomego życia. To znaczy **iść przez życie czujnie i przytomnie.**

Jak już mówiłem, spora liczba zaszła całkiem daleko. Dokonaliście niemałego postępu. Dlatego nie powinieneś obwiniać się, że po wszystkich tych latach dotarłeś „tylko" do tego miejsca. Niektórzy z was są wysoce zaawansowani, pewni swojej Jaźni. Wiesz, Kim Jesteś, i wiesz, czym chciałbyś się stać. Co więcej, wiesz, jak tego dokonać.

To dobry znak. Nieomylna wskazówka.

Co ona wskazuje?

Że pozostało ci niewiele wcieleń.

Czy to dobrze?

Dla ciebie, teraz – tak. I dlatego, że to ty tak uważasz. Nie tak dawno twym jedynym pragnieniem było zostać tu. Teraz chcesz jedynie odejść. To bardzo dobra oznaka.

Nie tak dawno zabijałeś owady, rośliny, drzewa, zwierzęta, ludzi. Teraz nie mógłbyś zabić bez dokładnego rozeznania, co i dlaczego robisz. To bardzo dobra oznaka.

Nie tak dawno wiodłeś życie tak, jakby było bez celu. Teraz **wiesz,** że nie ma celu poza tym, który **ty mu nadasz.** To bardzo dobra oznaka.

Nie tak dawno zaklinałeś wszechświat, aby objawił ci Prawdę. Teraz ty głosisz jemu swoją prawdę. A to bardzo dobra oznaka.

Nie tak dawno dożyłeś do sławy i bogactwa. Teraz chcesz być po prostu i wspaniale sobą.

I nie tak dawno **lękałeś się** Mnie. Teraz Mnie **kochasz,** na tyle, aby uznać Mnie za równego sobie.

Wszystko to zaiste bardzo, bardzo dobre oznaki.

Ojejku... twoje słowa poprawiają mi samopoczucie.

Dlaczego nie miałbyś czuć się dobrze? Ktoś, kto używa powiedzonek w rodzaju „ojejku", nie jest taki zły.

Naprawdę dopisuje ci poczucie humoru, wiesz...

To Ja wymyśliłem humor!

Tak, mówiłeś już o tym. Czyli życie toczy się naprzód, ponieważ innej drogi nie ma, a my podążamy wraz z nim?

Otóż to.

Pozwól więc, że zapytam – czy z upływem czasu droga staje się przynajmniej łatwiejsza?

Ach, mój miły – w porównaniu z tym, jak ci to szło trzy życia wcześniej, wręcz nie sposób oddać słowami tej zmiany na korzyść.

Oczywiście, że jest coraz łatwiej. Im więcej sobie przypominasz, tym więcej doświadczasz, tym więcej poznajesz. Im więcej poznajesz, tym więcej pamiętasz. To jest jak koło. A więc tak: jest coraz łatwiej, coraz lepiej, nawet coraz zabawniej.

Ale wiedz, że nigdy nie było to dla ciebie męczarnią: ani trochę. Ty to wprost uwielbiałeś, wszystko! Co do minuty! Życie to rozkoszna sprawa! To wyśmienity kąsek, prawda?

Cóż, raczej tak.

Raczej? Co jeszcze mógłbym do niego dodać? Czy nie dane wam jest doświadczyć **wszystkiego?** Płaczu, radości, bólu, uciechy, uniesienia, skrajnego przygnębienia, wygranej, porażki, remisu? Czegóż jeszcze można sobie życzyć?

Nieco mniej cierpienia, może.

Ubytek cierpienia bez przyrostu mądrości odsuwa was od celu – nie pozwala wam doświadczyć nieskończonej radości – którą jestem Ja.

Cierpliwości. Mądrości ci przybywa. A radość staje się w coraz większym stopniu osiągalna bez bólu. A to też dobra oznaka.

Uczysz się (przypominasz sobie), jak kochać nie przysparzają nikomu cierpienia; jak się uwalniać, jak tworzyć, a nawet jak płakać bez bólu. Tak, teraz nawet ból nie sprawia ci bólu, jeśli rozumiesz, co chcę przez to powiedzieć.

Wydaje mi się, że rozumiem. Inaczej patrzę nawet na moje życiowe dramaty. Potrafię zdobyć się na dystans i ujrzeć je we właściwym świetle. Nawet śmiać się z nich.

Właśnie. Czyż nie jest to postęp? Chyba jest.

Więc **postępuj** tak dalej. Rozwijaj się, synu. Stawaj się. Wybieraj, czym chcesz być w swym kolejnym wydaniu. Wytrwaj w tym dziele, bo to Boże dzieło! Więc tak trzymaj!

10

Kocham Cię, wiesz?

Wiem, że mnie kochasz. Ja ciebie też.

11

Chciałbym powrócić do mojej listy pytań. Każde z nich zasługuje na szczegółowe omówienie. Samym związkom można by poświęcić osobną książkę, zdaję sobie z tego sprawę. Ale w takim wypadku nigdy nie doszlibyśmy do pozostałych.

Będzie na to inny czas, inne miejsce. Nawet inna książka. Ja cię nie opuszczę. Więc idźmy dalej. Jeśli starczy nam czasu, możemy jeszcze do tego wrócić.

Dobrze. Moim następnym pytaniem jest: Dlaczego nigdy nie udaje mi się zarobić większych pieniędzy? Czy przeznaczone mi jest klepanie biedy do końca żyda? Co przeszkadza mi w zrealizowaniu w pełni mego potencjału w tej dziedzinie?

Ta sytuacja nie dotyczy wyłącznie ciebie, ale bardzo wielu ludzi.

Wszędzie słyszę, ze to kwestia samooceny, niedowartościowania. Myśliciele New Age sprowadzają brak czegokolwiek w życiu do braku poczucia własnej wartości.

To wygodne uproszczenie. W twoim przypadku jest inaczej. Ty nie cierpisz z powodu niedowartościowania. W istocie twoim największym życiowym zadaniem jest okiełznanie swojego ego. Niektórzy twierdzą, że stanowisz przypadek **przewartościowania.**

Cóż, znowu mi się oberwało. Jestem zakłopotany. Ale masz rację.

Za każdym razem kiedy mówię ci prawdę o tobie, ty jesteś zasmucony, zakłopotany. **Zakłopotanie to reakcja kogoś, komu ze względu na ego zależy na tym, jak postrzegają go inni.** Zostaw to za sobą. Spróbuj zareagować inaczej. Śmiechem.

W porządku.

Poczucie własnej wartości u ciebie nie stanowi problemu. Masz go pod dostatkiem. Tak jak większość ludzi. Wszyscy macie o sobie wysokie mniemanie, i słusznie. Więc samoocena nie gra tutaj roli.

A co?

Niezrozumienie istoty bogactwa, połączone zazwyczaj z ogromnym pomieszaniem pojęć „dobra" i „zła". Posłużę się przykładem.

Ależ proszę.

Nosisz w sobie myśl, że pieniądze są złe. Nosisz w sobie też myśl, że Bóg jest dobry. Na szczęście! Ale skutek tego jest taki, że w twoim systemie pojęciowym Bóg i pieniądze nie idą w parze.

Cóż, w pewnym sensie tak jest. Naprawdę tak uważam.

I tu sprawa zaczyna się komplikować, ponieważ to utrudnia ci przyjmowanie pieniędzy za zrobienie czegoś dobrego.

To znaczy jeśli osądzasz coś jako „dobre", oceniasz to niżej w kategoriach finansowych. Toteż im coś jest „lepsze" (czyli wartościowsze), tym mniej **kosztuje.**

Nie jesteś w tym rozumowaniu odosobniony. Zasadę tę wyznaje całe społeczeństwo. Dlatego nauczyciele klepią biedę, a striptizerki zbijają fortunę. Przywódcy zarabiają tak marnie w porównaniu z gwiazdami sportu, że w ich odczuciu muszą to sobie jakoś wynagrodzić i kradną, aby wyrównać różnicę.

Pomyśl tylko. Jeśli coś ma, twoim zdaniem, wysoką wartość **z samej swej natury,** ty upierasz się, że nie może być drogie. Naukowiec szukający w pojedynkę lekarstwa na AIDS musi żebrać o dotacje, podczas gdy autorka książki o stu nowych sposobach uprawiania seksu, uzupełnionej kasetami i weekendowymi seminariami... zarabia grube pieniądze.

Macie skłonność do odwracania kota ogonem, a wynika to z błędnego myślenia.

Błąd bierze się z waszego stosunku do pieniędzy. Kochacie je, a jednocześnic twierdzicie, że są przyczyną wszelkiego zła. Bijecie przed nimi czołem, a zarazem utrzymujecie, że nie dają szczęścia. Mówicie, że ktoś „tarza się w pieniądzach", ale jeśli okaże się, że wzbogacił się na czynieniu „dobra", zaraz stajecie się podejrzliwi. Widzicie w tym „zło".

Więc niech lekarz **za dużo** nie zarabia, albo przynajmniej niech się z tym nie afiszuje. A minister – ha! Lepiej niech nie nabija sobie kabzy, bo zrobi się szum.

Widzisz, w waszym mniemaniu, **jeśli ktoś wybiera najszlachetniejsze powołanie, powinien otrzymywać najniższą zapłatę...**

Hmmmm.

Właśnie. Trzeba się nad tym głębiej zastanowić, ponieważ źle rozumujecie.

Myślałem, że nie ma czegoś takiego jak dobro czy zło.

Bo nie ma. Jest tylko to, co wam służy, i to, co wam szkodzi. Pojęcia „dobra" i „zła" są względne i tylko w takim znaczeniu ich używam. W tym przypadku, w odniesieniu do tego, co ci służy – w odniesieniu do tego, czego, jak **sam mówisz, pragniesz** – twoje myśli na temat pieniędzy są błędne.

Pamiętaj, że myśl ma twórczą moc. Jeśli uważasz, że pieniądze są złe, ale myślisz o sobie dobrze... cóż, powstaje w tobie konflikt.

W tobie, Mój synu, ta powszechna świadomość przejawia się ze szczególną siłą. Przeważnie konflikt ten nie jest tak ogromny jak u ciebie. Większość ludzi nie znosi pracy, którą zarabia na utrzymanie, dlatego nie przeszkadzają im wysokie zarobki. To uczciwy interes – „zło" za „zło". Ale ty uwielbiasz to, co robisz w życiu, kochasz zajęcia, którymi je wypełniasz.

W związku z tym otrzymywanie sowitego wynagrodzenia za to, co robisz, byłoby dla ciebie przyjmowaniem „zła" za „dobro", i dlatego niedopuszczalne. Wolałbyś przymierać głodem niż wziąć „brudną forsę" za czystą służbę... jak gdyby służba traciła swą czystość z chwila przyjęcia za nią zapłaty.

W tym zawiera się twój ambiwalentny stosunek do pieniędzy. Jedna twoja połowa je odrzuca, a druga ubolewa nad ich brakiem. W tej sytuacji wszechświat nie wie, jak odpowiedzieć, ponieważ otrzymał od ciebie dwie sprzeczne myśli. Więc pod względem finansowym twoje życie przypomina huśtawkę, co odzwierciedla twoje rozchwianie w stosunku do pieniędzy.

Brak ci ostrości widzenia; nie wiesz, co jest prawdą w odniesieniu do ciebie. A wszechświat to tylko wielka maszyna kserograficzna. Po prostu wytwarza w ogromnych ilościach kopie twoich myśli.

Jest tylko jeden sposób, aby to zmienić. Musisz zmienić myślenie.

Ale jak mogę zmienić sposób myślenia? Myślę, jak myślę, i tak już jest. Moje poglądy, postawy, idee nie powstały z dnia na dzień. Sądzę, że są dziełem wieloletnich doświadczeń, całego życia. Masz rację co do mojego myślenia o pieniądzach, ale jak mogę je zmienić?

To może być najciekawsze pytanie z całej książki. Dla ludzi tworzenie odbywa się w trzech etapach: myśl, słowo, czyn.

Najpierw pojawia się myśl; pierwotna idea. Następnie przychodzi słowo. Większość myśli prędzej czy później zostaje przełożona na słowa pisane bądź mówione. To nadaje myśli większą energię, wysyła ją w świat, gdzie może zostać dostrzeżona.

Wreszcie, w niektórych przypadkach słowa zostają obrócone w czyn, i otrzymujemy wynik – manifestacje w świecie fizycznym tego, co zaczęło się od myśli.

W ten sposób powstało wszystko to, co otacza cię na co dzień w świecie stworzonym przez ludzi.

Nasuwa się jednak pytanie: w jaki sposób zmienić pierwotną, sprawczą myśl?

To niezwykle ważna sprawa. Jeśli bowiem ludzie nie zmienią pewnych swoich myśli, ludzkość może spotkać zagłada z własnej ręki.

Najszybszym sposobem na zmianę pierwotnej myśli jest **odwrócenie przebiegu procesu myśl–słowo–czyn.**

To znaczy?

Zrób coś, co chciałbyś, żeby było przedmiotem twojej nowej myśli. Następnie wypowiedz słowa, którymi chciałbyś wyrazić swoją nową myśl. Powtarzaj to dostatecznie często, a wyćwiczysz umysł w **myśleniu na nowo.**

Wyćwiczyć umysł? Czy to nie jest sterowanie umysłem? Manipulacja mentalna?

Czy masz pojęcie, jak doszło do powstania w umyśle twych **obecnych** myśli? Nie wiesz, że to świat narzucił ci określony sposób myślenia? **Czy nie lepiej samemu manipulować własnymi myślami niż pozwolić na to światu?**

Czy nie byłoby dobrodziejstwem myśleć raczej to, co **ty chcesz,** niż to, czego życzą sobie inni? Czy nie miałbyś więcej pożytku z myśli kreatywnych niż z reaktywnych?

Twoją głowę przepełniają teraz myśli reaktywne – będące owocem cudzych doświadczeń. Zaledwie odrobina powstaje na podstawie danych, jakie zebrałeś sam, w jeszcze mniejszym stopniu – twoich własnych upodobań.

Świetnym przykładem na to jest twój pogląd na pieniądze. Ów pogląd (pieniądze są złe) pozostaje w jaskrawej sprzeczności z twoim doświadczeniem (wspaniale jest mieć kupę forsy!). Musisz więc okłamywać samego siebie, aby usprawiedliwić pierwotną myśl.

Tak dalece jesteś jej oddany, że nigdy nie przyjdzie ci do głowy, że może twój pogląd na pieniądze **nie jest trafny.**

Teraz więc chodzi o to, abyś dostarczył samemu sobie nowych, innych danych. Tak dokonuje się zmiana pierwotnej myśli, w ten sposób nabierasz też pewności, że to twój pogląd, a nie kogoś innego.

Jeśli chodzi o pieniądze, musze wspomnieć jeszcze jedną twoją myśl.

Mianowicie?

Że jest ich za mało. Właściwie odnosisz tę myśl niemal do wszystkiego. Jest za mało pieniędzy, za mało czasu, za mało miłości, za mało żywności, wody, współczucia na świecie... Co tylko jest dobre, nigdy nie wystarcza.

Ta powszechna świadomość „niedoboru" wszystkiego, co dobre, tworzy świat, jaki postrzegasz.

W porządku, więc muszę zmienić dwie pierwotne myśli, sprawcze myśli na temat pieniędzy.

Och, co najmniej dwie. A pewnie o wiele więcej. Zobaczmy: pieniądze są złe... pieniędzy zawsze za mało... pieniędzy nie wolno brać za działalność w służbie Bogu (ta jest szczególnie silna u ciebie)... pieniędzy nikt nie daje za darmo... pieniądze nie leżą na ulicy (podczas gdy tak naprawdę leżą)... pieniądze deprawują.

Widzę, że czeka mnie wiele pracy.

Tak, o ile nie jesteś zadowolony ze swojej obecnej sytuacji finansowej. Z drugiej strony, warto wiedzieć, że nie jesteś zadowolony ze swojej obecnej sytuacji finansowej, **ponieważ** nie jesteś zadowolony ze swojej obecnej sytuacji.

Czasami trudno za Tobą nadążyć.

Czasami trudno ciebie prowadzić.

Słuchaj, to przecież Ty jesteś Bogiem. Dlaczego nie urządzisz tego tak, aby łatwiej było nam zrozumieć?

Już urządziłem.

Więc dlaczego po prostu nie sprawisz, żebym zrozumiał, jeśli naprawdę ci na tym zależy?

Mnie zależy na tym, na czym tobie zależy – na niczym innym i na niczym więcej. Nie widzisz, że to Mój najwspanialszy dar dla ciebie? Gdybym pragnął dla ciebie czegoś innego, niż ty chcesz, a potem posunął się do tego, aby **sprawić, żebyś to miał,** co z wolnym wyborem? Czy możesz być istotą twórczą, jeśli Ja ustalam, jaki masz być, co robić, co mieć? Radość daje mi twoja wolność, a nie twoje posłuszeństwo.

Co miałeś na myśli mówiąc, że nie jestem zadowolony ze swojej obecnej sytuacji finansowej, ponieważ nie jestem zadowolony ze swojej obecnej sytuacji?

Jesteś tym, czym myślisz, że jesteś. W przypadku myśli negatywnych to błędne koło. Musisz znaleźć sposób, aby z niego się wyrwać.

W tak wielkim stopniu twoje teraźniejsze doświadczenie pochodzi z wcześniejszej myśli. Myśl wywołuje doświadczenie, które wywołuje myśl, która znów wywołuje doświadczenie. Owocem tego procesu może być ciągła radość, jeśli pierwotna myśl jest radosna. Owocem tego procesu może być i jest nieustanne piekło, jeśli pierwotna myśl jest piekielna.

Chodzi o to, aby zmienić pierwotną myśl. Miałem zamiar ci to objaśnić.

Proszę bardzo.

Dziękuję.

Pierwszy krok to odwrócenie przebiegu myśl–słowo––czyn. Znasz stare powiedzenie: „Pomyśl, zanim coś zrobisz"?

Znam.

To w takim razie zapomnij o nim. Jeśli chcesz zmienić sprawczą myśl, musisz działać, **zanim pomyślisz.**

Podam ci przykład: idziesz ulicą i spotykasz staruszką żebrzącą o pieniądze. Spostrzegasz, że jest biedna i żyje z dnia na dzień. Natychmiast uświadamiasz sobie, że choć sam niewiele masz, masz dość, aby się z nią podzielić. W pierwszym odruchu chcesz jej dać trochę drobnych. Kusi cię nawet, aby sięgnąć do portfela po banknot – dolara, a może nawet piątaka. Co mi tam, niech staruszka się ucieszy.

Wtedy pojawia się myśl. Czyś ty zwariował? Mamy ledwie siedem dolców, aby przeżyć do końca dnia! A ty chcesz jej dać piątaka? Zaczynasz więc szukać tego dolara.

Znów przychodzi myśl: chłopie, opamiętaj się. Nie masz ich tyle, aby tak wydawać! Daj jej trochę drobniaków, na miłość boską, i zabierajmy się stąd.

Czym prędzej sięgasz do kieszeni z monetami. Palcami wyczuwasz same pięcio- i dziesięciocentówki. Jest ci wstyd. Oto chcesz ja spławić jakimiś groszakami.

Próbujesz wyłowić chociaż ćwierćdolarówki. O, jest jedna, na samym dnie. Ale już ją minąłeś, uśmiechając się blado, i za późno, aby się cofnąć. Biedaczce nie dostaje się nic. Podobnie nic nie zyskujesz ty. Zamiast uciechy płynącej z odczucia własnej zasobności i szczodrości, masz figę, podobnie jak staruszka.

Dlaczego **po prostu nie dałeś jej banknotów?** Chciałeś tak postąpić w pierwszym odruchu, ale przeszkodziła ci myśl.

Następnym razem zadziałaj, zanim wtrąci się myśl. Bądź hojny! Dalej, śmiało! Przecież masz forsę, a przede wszystkim możliwość jej zarobienia. Tylko ta myśl dzieli cię od tej żebraczki. Wiesz doskonale, że znowu możesz je zarobić.

Gdy pragniesz zmienić pierwotną myśl, działaj zgodnie z nową ideą. Ale musisz się spieszyć, inaczej umysł zabije w tobie ten pogląd, zanim się obejrzysz. I to dosłownie. Nowa idea, nowa prawda umrą, **zanim zdążysz się z nimi zapoznać.**

Więc działaj szybko, gdy nadarzy się okazja, a jeśli zrobisz to dostatecznie często, umysł w końcu ją uzna. Stanie się twoją nową myślą.

Coś mi to mówi! Czy o to właśnie chodzi w Ruchu Nowego Myślenia?

Jeśli nie, to powinno. Nowa myśl to twoja jedyna szansa. Jedyna prawdziwa możliwość rozwoju, stawania się tym, Kim Naprawdę Jesteś.

Obecnie przepełniają cię stare myśli. Nie tylko przestarzałe, ale i cudze. Ważne jest, aby wreszcie **być dobrej myśli.** Na tym polega ewolucja.

12

Dlaczego nie mogę robić w życiu tego, na co naprawdę *mam ochotę, i utrzymać się z tego?*

Co takiego? Czyżbyś chciał dobrze się w życiu bawić i zarobić przy tym na chleb? Ale z ciebie marzyciel, bracie!

Słucham?

To tylko żart – małe czytanie w myślach. Widzisz, tak właśnie przedstawia się twoja myśl o tym.

Tak się przedstawia moje doświadczenie.

Cóż, już to przerabialiśmy nieraz. Ci, którzy zarabiają na życie pracą, którą uwielbiają, wytrwale przy tym obstają. Nie rezygnują, nie załamują się. Biorą się z życiem za bary – niech tylko ośmieli się im przeszkodzić w robieniu tego, co kochają robić.

Trzeba jednak wspomnieć o jeszcze jednym czynniku, ponieważ brakuje ludziom zrozumienia jego wagi, jeśli chodzi o pracę, której poświęcają całe życie.

Jakim?

Między byciem a działaniem jest różnica, a ludzie przeważnie kładą nacisk na to drugie.

A nie powinni?

„Powinność" nie ma tu nic do rzeczy. Liczy się tylko to, co wybierasz, i jak możesz to osiągnąć. Jeśli wybierzesz pokój i radość, niewiele tego uzyskasz przez to, co robisz. Jeśli wybierzesz szczęście i zadowolenie, niewiele tego spotkasz na drodze działania. Jeśli wybierzesz powrót do Boga, najwyższą wiedzę, głębokie zrozumienie, pełną świadomość, całkowite spełnienie, nie na wiele zda się w tym względzie twoja działalność.

Innymi słowy, jeśli postawisz sobie za cel **ewolucję** – ewolucję duszy – nie dokonasz tego oddając się ciałem różnorakim światowym zajęciom.

Działanie jest funkcją ciała. **Bycie** jest funkcją duszy. Ciało ciągle czymś się zajmuje, w każdej minucie. Nigdy nie odpoczywa, nigdy nie przerywa, bez przerwy coś **robi.**

Robi coś na życzenie duszy – albo wbrew duszy. Jakość twojego życia zależy od tego, który wzgląd przeważy.

Dusza jest, nieustannie i po wsze czasy. Jest tym, czym jest bez względu na to, co robi ciało, a nie **w wyniku** tego, co robi.

Jeśli sądzisz, że w życiu ważne jest, co się robi, nie masz zielonego pojęcia, o co naprawdę w życiu chodzi.

Duszy nie obchodzi to, czym zarabiasz na utrzymanie – a gdy twoje życie dobiegnie końca, dla ciebie też będzie to bez znaczenia. Duszę obchodzi jedynie to, **jaki jesteś,** kiedy zajmujesz się tym, czym się zajmujesz.

Duszy zależy na byciu, a nie na działaniu.

Czym dusza pragnie być?

Mną.

Tobą.

Tak. Twoja dusza w istocie jest Mną, i wie o tym. Natomiast dąży do tego, aby **tego doświadczyć.** I jak pamięta, najlepszym sposobem na doświadczenie tego jest **nierobienie nic.** Nie trzeba nic robić, wystarczy być.

Czym?

Czym ci się żywnie podoba. Możesz być szczęśliwy lub nie, silny lub słaby. Pełen radości lub pałający zemstą. Bystry lub ślepy. Dobry lub zły. Kobiecy lub męski. To zależy od ciebie. I jak to nazwiesz, też zależy od ciebie.

To niewątpliwie bardzo wzniosłe, ale jak to się ma do mojej kariery? Staram się jakoś zapewnić utrzymanie sobie i rodzinie, związać koniec z końcem, robiąc to, co lubię.

Spróbuj być tym, czym lubisz. To znaczy?

Jedni zarabiają na czymś kupę forsy, inni nie mogą z tego wyżyć – a robią dokładnie to samo. Z czego to wynika?

To kwestia umiejętności.

To pierwsze kryterium. Ale idźmy dalej. Weźmy dwie osoby o mniej więcej jednakowych umiejętnościach. Obie ukończyły studia, były prymusami, i pojmują istotę działalności, jakiej się podejmują. Obie świetnie umieją posługiwać się swymi narzędziami. Mimo to jednej wiedzie się lepiej. Jedna prosperuje, a druga bieduje. Jaka jest przyczyna?

Położenie.

Położenie.

Ktoś kiedyś powiedział mi, że należy wziąć pod uwagę tylko trzy rzeczy, gdy rozpoczyna się działalność gospodarczą – położenie, położenie i jeszcze raz położenie.

Innymi słowy, nie „Co zamierzasz robić?", a „Gdzie zamierzasz być?"

Właśnie.

To brzmi niemal jak odpowiedź na moje pytanie. Dusza troszczy się jedynie o to, gdzie zamierzasz być.

Czy jest twoim zamiarem być w strachu czy też w stanie zwanym miłością? **Skąd** wychodzisz na świat?

Wracając do naszego przykładu dwojga równie wykwalifikowanych pracowników, jednemu się powodzi, a drugiemu nie, nie dlatego, że inaczej postępują, ale że są inni.

Jedna osoba jest otwarta, przyjazna, troskliwa, życzliwa, pogodna, pewna siebie, a nawet radosna w tym, co robi, podczas gdy druga jest zamknięta w sobie, wyniosła, nieczuła, zgryźliwa, a nawet niezadowolona ze swej pracy.

Założmy teraz, że miałbyś wybrać jeszcze szczytniejsze stany bycia? Założmy, że miałbyś wybrać dobroć, miłosierdzie, współczucie, przebaczenie, miłość? A gdybyś nawet miał wybrać Boskość? Jakie wówczas byłoby twe doświadczenie?

Powiadam ci:

Bycie przyciąga bycie i wytwarza doświadczenie.

Celem nie jest wytwór twego ciała, ale dzieło twojej duszy. Ciało służy duszy, umysł zaś kieruje ciałem. Masz więc do dyspozycji potężny aparat do realizacji pragnienia duszy.

Czego pragnie dusza?

No właśnie, czego?

Nie wiem, dlatego pytam Ciebie.

Nie wiem, dlatego pytam ciebie.

Można by tak w nieskończoność.

To **już** trwa nieskończenie długo.

Zaraz! Chwileczkę! Dopiero co powiedziałeś, że dusza pragnie stać się Tobą.

I tak jest.

W takim razie to jest jej pragnieniem.

Ogólnie rzecz biorąc, tak. Ale Ja, którym chce się stać, jestem niezwykle złożony, wieloraki, wielowymiarowy. Składa się na Mnie milion aspektów. Miliard. Bilion. Rozumiesz? To, co wzniosłe, i to, co niskie, szlachetne i nikczemne, bezbożne i pobożne, święte i wyklęte. Rozumiesz teraz?

Tak, tak, teraz pojmuję... góra i dół, prawa i lewa, tutaj i tam, przedtem i potem, dobro i zło...

Otóż to. Jam **jest** Alfą i Omegą. To nie tylko takie ładne określenie, zgrabny koncept. To szczera Prawda.

Tak więc, dążąc do tego, aby stać się Mną, dusza ma do wykonania ogromne zadanie; musi wybierać z przebogatej palety **bycia.** I to właśnie robi w tej chwili.

Wybiera stany bycia.

Zgadza się – a następnie wytwarza odpowiednie, idealne **warunki** do zaistnienia tego doświadczenia. Dlatego prawdą jest, że cokolwiek się zdarza, służy twemu najwyższemu dobru.

Chcesz powiedzieć, że moja dusza jest odpowiedzialna za całe moje doświadczenie, nie tylko za to, co robię ja, ale również za to, co mi się przytrafia?

Powiedzmy, że dusza stawia przed tobą wspaniałe **możliwości** doświadczenia dokładnie tego, co sobie zamierzyłeś. Ale rzeczywiste doświadczenie zależy od ciebie. Może być zgodne z twoim zamiarem albo nie, w zależności od tego, jakiego wyboru dokonałeś.

Dlaczego miałbym wybierać coś, czego nie życzyłbym sobie doświadczać?

Nie wiem. No właśnie, dlaczego?

Masz na myśli to, że czasami występuje rozbieżność między tym, czego pragnie dusza, a czego akurat życzą sobie ciało lub umysł?

A jak ty uważasz?

Ale jak to możliwe, że ciało lub umysł biorą górę nad duszą? Czyż dusza w końcu i tak nie stawia na swoim?

Duch wypatruje tej wielkiej chwili, gdy w pełni świadomy jego życzeń, zjednoczysz się z nim z radością. Ale duch nigdy, przenigdy nie wymusi tego na żyjącej w teraźniejszości, świadomej, fizycznej cząstce twej osoby.

Ojciec nie narzuci swojej woli Synowi. Byłoby to wbrew Jego naturze i stąd wręcz niemożliwe.

Syn nie narzuci swojej woli Duchowi Świętemu. Byłoby to wbrew jego naturze i stąd wręcz niemożliwe.

Duch Święty nie narzuci swej woli twojej duszy. Nie leży to w naturze Ducha i stąd jest wręcz niemożliwe.

Na tym jednak niemożliwości się kończą. Umysł często usiłuje podporządkować sobie ciało – i podporządkowuje. Podobnie ciało próbuje zapanować nad umysłem – i nierzadko mu się to udaje.

Lecz ciało i umysł nie muszą podejmować wspólnych działań, aby ujarzmić duszę – albowiem dusza nie ma żadnych potrzeb (w przeciwieństwie do ciała i umysłu, które są nimi przytłoczone) i dlatego daje ciału i duszy wolną rękę w wyborze postępowania.

W rzeczy samej, dusza inaczej nie mogłaby tego urządzić – gdyż jeśli istota, którą jesteś, ma za zadanie stworzyć i przez to poznać prawdziwą siebie, musi to być skutkiem świadomego wyboru, a nie ślepego posłuszeństwa.

Posłuszeństwo nie jest tworzeniem, dlatego nigdy nie przyniesie zbawienia.

Posłuszeństwo jest reakcją, podczas gdy tworzenie to czysty wybór, nieprzymuszony, nie wynikający z konieczności.

Czysty wybór przynosi zbawienie przez urzeczywistnienie najwyższej idei w tej chwili, teraz.

Funkcją duszy jest **sygnalizowanie** swego pragnienia, nie forsowanie go.

Funkcją umysłu jest **wybieranie** spośród możliwości.

Funkcją ciała jest **realizacja** tego wyboru.

Gdy ciało, umysł i dusza tworzą wspólnie i zgodnie, Bóg staje się ciałem.

Wówczas dusza poznaje samą siebie w doświadczeniu.

Wówczas radują się niebiosa.

W tej chwili, właśnie teraz, dusza po raz kolejny stawia przed tobą możliwość osiągnięcia tego wszystkiego, co jest ci potrzebne do poznania swej prawdziwej istoty.

To ona nakierowała cię na słowa, które właśnie czytasz – tak jak już nieraz prowadziła cię do słów mądrości i prawdy.

Co teraz uczynisz? Czym postanowisz być?

Dusza czeka i przygląda się z zainteresowaniem, nie pierwszy raz.

Czy dobrze rozumiem to, co powiedziałeś – że o moim powodzeniu w świecie (wciąż nawiązuję do kwestii kariery) przesądza stan bycia, jaki obrałem?

Mnie nie zależy na twoim sukcesie, tylko tobie.

Niemniej prawdą jest, że gdy osiągasz pewien stan bycia, który utrzymuje się przez długi czas, powodzenie w wybranej działalności w świecie jest raczej nieuniknione. Lecz ty nie masz się martwić „zarabianiem na życie". **Prawdziwi Mistrzowie przedkładają życie nad zarabianie.**

Określone stany bycia dają początek życiu tak bogatemu, pełnemu, wspaniałemu i satysfakcjonującemu, że przestanie ci zależeć na dobrach tego świata i jego uznaniu.

Ironia życia polega na tym, że gdy przestanie ci zależeć na dobrach tego świata i jego uznaniu, otwierasz sobie do nich swobodny dostęp.

Pamiętaj, że nie możesz mieć tego, czego pożądasz, ale możesz doświadczyć, cokolwiek już masz.

Nie mogę mieć tego, czego pożądam?

Nie.

To stwierdzenie już padło na początku naszego dialogu. Ale nadal nie pojmuję. Sądziłem, że głosisz, iż mogę mieć, cokolwiek *zapragnę. „Stanie ci się wedle twego myślenia, wedle twojej wiary", i tak dalej.*

Te dwie rzeczy się nie wykluczają.

Czyżby? Według mnie się wykluczają.

To dlatego, że brak ci zrozumienia.

Cóż, tego nie ukrywam. Dlatego z Tobą rozmawiam.

Wyjaśnię ci więc. Nie możesz mieć tego, czego pożądasz, albowiem sam fakt pożądania czegoś jednocześnie odsuwa to od ciebie, jak już to mówiłem wcześniej, w rozdziale pierwszym.

Może i mówiłeś, ale trochę się w tym wszystkim pogubiłem.

Staraj się nadążyć. Powtórzę to jeszcze raz. Spróbuj nie stracić wątku tym razem. Zacznijmy od tego, co jest dla ciebie zrozumiałe: **myśl jest twórcza.** Zgadza się?

Zgadza się.

Słowo jest twórcze. Kapujesz?

Kapuję.

Czyn jest twórczy. Myśl, słowo i czyn to trzy poziomy tworzenia. Nadążasz?

Owszem.

Świetnie. Rozważmy więc kwestię „powodzenia w świecie", którą sam poruszyłeś.

Kapitalnie.

A zatem, czy nachodzi cię myśl: „Chcę odnieść sukces"?

Czasami.

Czy nachodzi cię też czasem myśl: „Chce więcej pieniędzy"?

Tak.

Dlatego ani jedna, ani druga się nie spełni.

Jak to?

Ponieważ wszechświat nie ma innego wyboru jak dostarczyć ci **bezpośredniej manifestacji twojej na jego temat myśli.**

Twoja myśl jest następująca: „Chcę odnieść sukces". To jak dżinn uwięziony w butelce. Twoje słowa są dla niego rozkazem. I wszechświat mówi: „W porządku, chcesz".

Więc dlaczego nie odnoszę powodzenia?

Powiedziałem, że twoje słowa są dla niego rozkazem. Brzmią one: „Chcę odnieść sukces". I wszechświat się z tobą zgadza.

Nie bardzo rozumiem.

Spójrz na to od tej strony. Słowo „ja" wprawia w ruch maszynę tworzenia. Stwierdzenie „Ja jestem" posiada ogromną moc. Jest niczym nakaz dla wszechświata.

Dalej, cokolwiek następuje po słowie „ja", z reguły przejawia się w świecie fizycznym.

Dlatego „Ja" + „Chcę odnieść sukces" w efekcie umacnia twoją **chęć odniesienia sukcesu.** „Ja" + „Chcę więcej pieniędzy" musi więc stwarzać sytuację, w której będziesz **chciał** pieniędzy. Nie może być inaczej, gdyż myśli i słowa są twórcze. Czyny też. Jeśli więc postępujesz w sposób, który oznajmia, że chcesz i pieniędzy, i uznania, wówczas występuje jedność myśli, słów i czynów, wskutek czego **na pewno** doświadczać będziesz sytuacji **chcenia.**

Rozumiesz?

Tak! Mój Boże – czy naprawdę tak to działa?

Oczywiście! Posiadasz olbrzymią moc tworzenia! Jeśli jednak przytrafiło ci się – w złości, w przystępie frustracji – powiedzieć lub pomyśleć coś, to jest mało prawdopodobne, abyś zamienił je w rzeczywistość. Nie musisz się więc przejmować niezbyt miłymi rzeczami, jakie zdarza ci się nieraz pomyśleć czy powiedzieć – „Bodajbyś zdechł!", „Idź do diabła!" czy coś w tym rodzaju.

Dzięki Bogu.

Drobiazg. Ale jeśli wypowiadasz, czy myślisz coś – nie raz czy dwa, lecz setki, tysiące razy – czy masz pojęcie, jaką twórczą moc to ze sobą niesie?

Myśl czy słowo wyrażane wciąż na nowo, staje się właśnie wyrażone – **czyli wypchnięte na zewnątrz.**

Urzeczywistnione. Stają się dla ciebie rzeczywistością.

O rany.

Właśnie taki jest tego skutek – rany. A wy uwielbiacie rany, dramaty życiowe. Lecz do czasu. Przychodzi taki etap w ewolucji, że przestaje ci się podobać dramat, albo melodramat, którym żyłeś do tej pory. Wtedy postanawiasz to zmienić. Ale większość z was nie wie jak. Ty już wiesz. Aby odmienić swoją rzeczywistość, **przestań o niej tak myśleć.**

W tym przypadku zamiast „Chcę odnieść sukces", pomyśl „Odnoszę sukces".

*To rodzaj samookłamywania się. Zwodziłbym sam siebie mówiąc to. Umysł **zaraz** by wykrzyknął: „Co ty pleciesz?"*

W takim razie pomyśl coś, co byłoby dla ciebie do przyjęcia. „Zaczyna mi się powodzić" albo „wszystko mi sprzyja".

Więc na tym polega tak modna obecnie w Ruchu New Age sztuka afirmacji.

Afirmacja nie działa, jeśli jest zaledwie wyrazem tego, co chciałbyś, aby było prawdą. Afirmacja sprawdza się tylko wtedy, gdy wyraża to, co już wiesz na pewno, że jest prawdą.

Najskuteczniejszą afirmacją jest dziękczynienie. „Dzięki Ci, Boże, za to, że pobłogosławiłeś moje życie pomyślnością." Taka myśl, powzięta, wypowiedziana i wprowadzona w czyn, przynosi znakomite rezultaty – gdy bierze się z prawdziwej wiedzy; nie wynika z próby wywołania rezultatów, lecz ze świadomości, iż rezultaty już zaistniały.

Taką jasność miał Jezus. Przed każdym cudem dziękował Mi z góry za jego sprawienie. Nigdy nie omieszkał okazać Mi swej wdzięczności, ponieważ nigdy nie przyszło mu do głowy, że to, co ogłosił, mogło się nie zdarzyć.

Tak był **pewny** swej prawdziwej istoty i związku, jaki łączył go ze Mną, że świadomość ta rzutowała na każdą jego myśl, słowo i czyn – podobnie jak twoja świadomość rzutuje na twoje...

Zatem jeśli jest coś, czego pragniesz doświadczyć w życiu, nie „chciej" – po prostu wybierz.

Wybierasz uznanie tego świata? Wybierasz jego bogactwa? **Dobrze.** Więc wybierz to. Naprawdę. Do końca. Nie połowicznie.

Nie zdziw się jednak, gdy na obecnym poziomie twojego rozwoju przestanie cię obchodzić „powodzenie w świecie".

Co dokładnie masz na myśli?

W ewolucji każdej duszy nadchodzi czas, kiedy główną troską staje się wzrost ducha, a nie przetrwanie ciała; urzeczywistnienie Jaźni, nie zdobycie uznania świata.

W pewnym sensie to dość niebezpieczny okres, szczególnie na początku, ponieważ istota przebywająca w ciele dowiaduje się prawdy o sobie – że jest istotą w ciele, a nie cielesną istotą.

Zanim istota nabierze do tej kwestii dojrzałego stosunku, może wystąpić zaniedbanie spraw ciała. Dusza tak bardzo jest przejęta swoim „odkryciem"!

Umysł porzuca ciało i wszelkie doczesne sprawy. Cierpią na tym związki osobowe, rodzina, praca. Przybywa nie zapłaconych rachunków. Zdarza się nawet, że ciało przez jakiś czas nie dostaje pożywienia. Cała uwaga skupiona jest na duszy i sprawach duchowych.

Może to spowodować poważny kryzys w codziennym życiu istoty, chociaż umysł nie dostrzega w tym nic groźnego. Pogrążony jest w błogostanie. Ludzie mówią, że postradałeś zmysły – i na swój sposób nie są dalecy od prawdy.

Odkrycie prawdy, iż życie nie ma nic wspólnego z ciałem, może wywołać „przegięcie w drugą stronę".

O ile z początku istota postępowała tak, jakby była samym ciałem, teraz zachowuje się tak, jakby ciało w ogóle się nie liczyło. To, rzecz jasna, nieprawda – o czym szybko (i czasem boleśnie) się przekonuje.

Jesteś bytem troistym – złożonym z ciała, umysłu i ducha. I będziesz taki zawsze, nie tylko podczas pobytu na Ziemi.

Panuje pogląd, że w chwili śmierci ciało i umysł są odrzucane. Tak nie jest. Ciało zmienia postać, pozostawia za sobą składnik o najwyższej gęstości, ale zachowuje zewnętrzną powłokę. Umysł (nie mylić z mózgiem) też zabiera się z tobą, dołączając do ducha i ciała jako jednego kłębu energii, o trzech wymiarach lub aspektach.

Gdybyś postanowił znów skorzystać z tej sposobności doświadczania, którą nazywasz życiem ziemskim, Jaźń po raz kolejny rozdzieli swą rzeczywistą postać na ciało, umysł i ducha. Właściwie cały stanowisz jedną energię, lecz o trzech odrębnych właściwościach.

Kiedy decydujesz się wstąpić w nowe ciało fizyczne tu, na Ziemi, twoje ciało eteryczne (jak niektórzy je określają) spowalnia swe wibracje, wyhamowuje ich prędkość, przy której nie sposób nawet go dostrzec, do poziomu, przy którym wytwarzana jest materia i masa. Materia ta jest owocem czystej myśli – dziełem umysłu, wyższego składnika twej trójdzielnej istoty.

Miliony miliardów bilionów jednostek energii zbijają się w jedną ogromną masę – kierowaną przez umysł.

Gdy wyczerpią swą energię, zużyte jednostki są odrzucane i zastępowane nowymi, które wytwarza umysł. To umysł powołuje do istnienia, opierając się na nieustającej myśli, wzorzec tożsamości! Ciało eteryczne odbiera tę myśl i obniża wibrację kolejnych jednostek energii (w pewnym sensie „krystalizuje" je), i stają się materią, twoją nową materią. W ten sposób każda komórka ciała wymieniana jest raz na kilka lat. Więc całkiem dosłownie, nie jesteś tą samą osobą, którą byłeś przed kilku laty.

Jeśli rozmyślasz o chorobach (albo karmisz się gniewem, nienawiścią, czy w ogóle „jesteś na nie"), twoje ciało przełoży to na postać fizyczną.

Dusza przygląda się dramatowi toczącemu się rok po roku, miesiąc po miesiącu, dzień po dniu, i przez cały czas zachowuje Prawdę o tobie. Ona nigdy nie zapomina wzorca, pierwotnego planu, pierwotnej idei. Jej zadaniem jest przypomnieć ci, abyś znowu pamiętał, Kim Jesteś – i wybrał, Kim Chcesz Być obecnie.

Uuuaaauuu!

Tak. A jeszcze tyle jest do wyjaśnienia. Mnóstwo. Ale nie w jednej książce, a pewnie nawet nie w ciągu jednego życia. Ale już zrobiłeś pierwszy krok, to dobrze. Pamiętaj jedno, co powiedział wasz wielki Szekspir: „Są rzeczy na niebie i ziemi, Horacjo, o których się nie śniło twoim filozofom".

Mogę zadać pytanie w związku z tym? Jak powiedziałeś, mój umysł nie opuszcza mnie po śmierci. Czy to znaczy, że zabieram ze sobą również „osobowość"? Czy w zaświatach dowiem się, kim byłem wcześniej?

Tak... i poznasz swą odwieczną tożsamość. Wszystko zostanie ci objawione – ponieważ wtedy wiedza ta ci się przyda; teraz zaś nie.

Jeśli chodzi o obecne życie, czy nastąpi jakieś „rozliczenie" czy przegląd życia?

W zaświatach, jak ty to nazywasz, nie dokonuje się żaden sąd. Nie wolno ci będzie nawet samemu się osądzić, ponieważ na pewno wydałbyś na siebie surowy wyrok, biorąc pod uwagę, jaki masz do siebie stosunek za życia.

Nie, nie ma rozliczenia. Nie ma kary ani ułaskawienia. **Tylko w ludzkiej naturze jest sądzić, dlatego przyjmujecie, że i Ja jestem sędzią. Ale nie jestem – i nie potraficie się z tym pogodzić.**

Niemniej, chociaż sądu nie ma, będziesz miał okazję raz jeszcze spojrzeć na swoje myśli, słowa i uczynki, i rozstrzygnąć, czy wybrałbyś to po raz drugi, mając na uwadze to, za Kogo się uważasz i Kim pragniesz być.

We wschodnim mistycyzmie istnieje doktryna Karna Loka, która mówi, że w chwili śmierci każdy z nas ma okazję raz jeszcze przeżyć każdą swą myśl, każde słowo, każdy czyn, nie z własnego punktu widzenia, ale od strony wszystkich osób, które nasze myśli, słowa i uczynki w jakiś sposób dotknęły. Innymi słowy, myśmy już doświadczyli swoich uczuć w związku z tym, cośmy pomyśleli, powiedzieli, czy zrobili. Teraz zaś mamy okazję poznać odczucia drugiej strony w każdej z tych sytuacji na podstawie tego kryterium zadecydować, czy postąpilibyśmy tak drugi raz. Czy tak jest istotnie?

Tego, co dzieje się, gdy to życie dobiegnie końca, nie sposób oddać w kategoriach dla ciebie zrozumiałych. To niezwykłe doświadczenie zachodzi w zupełnie innym wymiarze i nie daje się opisać za pomocą tak ograniczonych narzędzi, jakimi są słowa. Dość powiedzieć, że będziesz miał sposobność obejrzenia ponownie całego swego obecnego życia, bez bólu, lęku czy osądu, po to, abyś mógł określić swój do niego stosunek i zdecydować, co dalej.

Wielu postanowi powrócić tu – do świata gęstości i względności, aby zgromadzić kolejne doświadczenia związane z wyborami i postanowieniami, określającymi ich Jaźń na tym etapie.

Niektórzy – garstka wybranych – przybędą tu z innym zadaniem: zstąpią do świata gęstości i względności, aby pomóc innym się z niego wydostać. Zawsze znajdą się wśród was tacy, którzy dokonali tego wyboru. Łatwo ich odróżnić. Zakończyli swoje dzieło, a na Ziemię powracają, aby pomóc pozostałym. Czerpią z tego radość, doznają uniesień. Niczego innego nie pragną niż być użytecznymi dla innych.

Nie sposób ich przeoczyć. Są wszędzie, jest ich więcej, niż ci się wydaje. Może nawet znasz taką osobę lub słyszałeś o niej.

Ja też do nich należę?

Nie. Jeśli o to pytasz, nie możesz być jednym z nich. Oni nie zadają pytań. Ich zdaniem nie ma o co pytać.

Ty, mój synu, w tym życiu jesteś posłańcem. Zwiastunem. Poszukiwaczem i niejednokrotnie orędownikiem Prawdy. To wystarczy jak na jedno życie. Ciesz się tym.

Cieszę się. Ale mogę mieć nadzieję na więcej?

Owszem. I zawsze będziesz oczekiwał czegoś więcej. Taka jest bowiem twoja natura. Istotą boskości jest nieustanne dążenie do czegoś więcej.

Więc szukaj, tak, wszelkimi środkami szukaj!

Teraz chciałbym udzielić ci rozstrzygającej odpowiedzi na pytanie otwierające tę część naszego nieustającego dialogu.

Rób to, co uwielbiasz robić! Śmiało! Szkoda czasu na coś innego. Tak niewiele go masz. Czy warto tracić cenne chwile na wykonywanie pracy, której nie lubisz? Powiadasz, że zarabiasz w ten sposób na życie, ale co to za życie? Raczej powolne **konanie!**

Na twoje: „Ale, ale... mam na utrzymaniu innych... dzieci do wykarmienia... małżonkę, która zdana jest na mnie" – odpowiem: Skoro upierasz się, że w życiu ważne jest, co robi ciało, nie rozumiesz powodów, dla których tu się znalazłeś. Przynajmniej rób coś, co cię zadowala – co ciebie wyraża.

W ten sposób uchronisz się przed zgorzknieniem i złością wobec tych, którzy w twoim mniemaniu nie pozwalają ci się cieszyć życiem.

Poczynań ciała nie należy jednak lekceważyć. Mają znaczenie, ale nie takie, jak myślisz. Działania ciała powinny odzwierciedlać twój stan bycia, a nie stanowić próby jego osiągnięcia.

W prawidłowym porządku rzeczy nie **robi** się czegoś, aby **być** szczęśliwym – szczęśliwym się jest i stąd postępuje się w określony sposób. Nie **robi** się czegoś, aby **być** współczującym. Jest się współczującym i stąd postępuje się w określony sposób. U osoby o wysokim stopniu świadomości decyzja duszy poprzedza czyn ciała. Tylko osoba nieświadoma usiłuje wywołać jakiś stan duszy zaprzęgając do działania ciało.

O to właśnie chodzi w stwierdzeniu, że w życiu nie jest ważne, co robi ciało. Z drugiej jednak strony, prawdą jest, że poczynania twojego ciała świadczą o tym, do czego dążysz.

To następna boska dychotomia.

Ale wiedz jedno:

Masz **prawo** do radości; z dziećmi czy bez, żonaty czy samotny. Szukaj jej! Znajduj ją! A w twojej rodzinie zagości wesołość bez względu na to, ile pieniędzy zarobisz czy stracisz. Jeśli zaś nie będą się cieszyć, zabiorą się i odejdą od ciebie, daj im na drogę swoje błogosławieństwo – niech sami szukają **swojej** radości.

Z kolei jeśli osiągnąłeś już taki poziom rozwoju, że sprawy ciała przestały cię obchodzić, tym mniej przeszkód staje ci na drodze do radości – jako w niebie tak i na ziemi. Bóg nie ma nic przeciwko temu, abyś był szczęśliwy – nawet w swojej pracy.

Twoja praca świadczy o tym, KIM Jesteś. Jeśli jest inaczej, to po co się trudzisz?

Czujesz się **zmuszony?**

Nie musisz absolutnie nic.

Jeśli utożsamiasz się z „facetem, który tyra na utrzymanie rodziny, kosztem nawet własnego szczęścia", **kochaj swoją pracę,** ponieważ sprzyja tworzeniu **żywego wyrazu twojej Jaźni.**

Jeśli widzisz siebie jako „kobietę wykonującą pracę, której nie cierpi, po to, aby podołać swoim obowiązkom", **pokochaj swoją pracę,** ponieważ służy twojemu wizerunkowi, podtrzymuje obraz twojej Jaźni.

Można pokochać każde zajęcie z chwilą, gdy się zrozumie, co się robi i dlaczego.

Nikt nie robi nic wbrew sobie.

13

Jak mam się uporać ze swymi zdrowotnymi kłopotami? Chronicznych dolegliwości mam już tyle, że starczyłoby na całe życie z nawiązką. Dlaczego doświadczam ich wszystkich teraz?

Przede wszystkim wyjaśnijmy sobie jedno: ty je uwielbiasz. Przynajmniej większość z nich. W sposób godny podziwu posługujesz się nimi, aby wzbudzić dla siebie litość i zwrócić na siebie uwagę.

Tych kilka wyjątków to przypadki, które zaszły za daleko. Dalej, niż zakładałeś w swoich przewidywaniach, gdy powoływałeś je do istnienia.

Trzeba zrozumieć, co zapewne już zresztą wiesz, że wszelkie choroby pochodzą od was samych. Nawet medycyna konwencjonalna zaczyna przyjmować do wiadomości, że **ludzie sami wpędzają się w choroby.**

Większość czyni to bezwiednie. (Nawet nie zdają sobie sprawy, co robią). Więc kiedy zachorują, nie wiedzą, czemu to przypisać. Mają wrażenie, jakby to na nich skądś **spadło,** nie widzą w tym swojego udziału.

Dzieje się tak, gdyż ludzie przeważnie są nieświadomi i nie dotyczy to wyłącznie kwestii zdrowotnych i pochodnych.

Ludzie palą papierosy i dziwią się, że chorują na raka.

Spożywają padlinę i tłuszcz i dziwią się, że cierpią na niewydolność krążenia.

Przez całe życie się złoszczą i dziwią, że dostają ataku serca.

Rywalizują z innymi – w sposób bezwzględny, w warunkach ogromnego stresu – i dziwią się, że następuje wylew.

Prawda, bynajmniej nie oczywista, wygląda tak, że ludzie na ogół **zamartwiają się na śmierć.**

Martwienie się jest chyba najbardziej szkodliwą forma działalności umysłowej – obok nienawiści, która powoduje samospalanie. Martwienie się jest działaniem jałowym, to marnotrawstwo energii umysłu, które dodatkowo wytwarza w ciele szkodliwe reakcje biochemiczne, odpowiedzialne za niemal wszystkie schorzenia, od niestrawności do zawału.

Stan zdrowia poprawi się natychmiast, gdy przestaniecie się martwić, **umartwiać.**

Martwienie się to przejaw działania umysłu, który nie rozumie, jakie związki łączą go ze Mną.

Nienawiść to najbardziej niszczycielski stan umysłowy. Zatruwa całe ciało i powoduje właściwie nieodwracalne skutki.

Lęk stanowi dokładne przeciwieństwo twej prawdziwej istoty, dlatego godzi w twoje zdrowie psychiczne i fizyczne. **Strach to martwienie się do potęgi.**

Nienawiść, strach, martwienie się – wraz ze stanami pochodnymi – niepokojem, goryczą, niecierpliwością, oschłością, skłonnością do osądzania i potępiania – atakują ciało na poziomie komórkowym. Trudno zachować zdrowie w takich warunkach.

Podobnie – choć w mniejszym stopniu – do choroby czy utraty dobrego samopoczucia prowadzą próżność, zarozumiałość i rozpasanie.

Choroba powstaje w umyśle.

Jak to? A infekcje? Na przykład przeziębienie czy nawet AIDS?

W życiu nie może zaistnieć nic, co najpierw nie było myślą. Myśli są niczym magnesy, przyciągają skutki. Mogą nie zawsze być świadome i w sposób jawny sprawcze: „Mam zamiar zarazić się jakąś straszną chorobą" czy coś w tym rodzaju. Pierwotna myśl jest daleko bardziej subtelna. („Nie zasługuję na to, aby żyć.") („Nic mi w życiu nie wychodzi.") („Jestem przegrany.") („Bóg mnie ukarze.") („Mam już dość takiego życia.")

Myśli, choć tak ulotne, kryją w sobie potężny ładunek energii. Słowa są mniej ulotne, bardziej zbite. Największą gęstość posiadają czyny. Czyny to energia zaklęta w ciężką fizyczną postać, puszczona w ruch. Kiedy obmyślasz, wypowiadasz i **odgrywasz** negatywny scenariusz w rodzaju: „Jestem przegrany", wprawiasz w ruch ogromną energię. Nic dziwnego, że łapie cię przeziębienie. To dopiero przedsmak tego, co może się zdarzyć.

Trudno odwrócić następstwa negatywnego myślenia, kiedy już przyjęły fizyczną postać. Nie jest to rzecz niemożliwa – ale nader trudna. Trzeba niezwykłej wiary. Ogromnej ufności w dobroczynną potęgę wszechświata – obojętnie, czy nazwiesz ją Bogiem, Boginią, Pierwszą Przyczyną, Pierwotną Siła, Nieruchomym Środkiem.

Taką wiarę posiadają uzdrowiciele. Graniczy ona z Absolutną Wiedzą. Oni **wiedzą,** że przeznaczona ci jest pełnia, doskonałość **w tej właśnie chwili.** Wiedza ta stanowi myśl, potężną, zdolną poruszyć góry, nie mówiąc o cząsteczkach twojego ciała. Dlatego uzdrowiciele często potrafią leczyć, nawet na odległość.

Dla myśli odległość nie istnieje. Obiega świat i przemierza kosmos szybciej, niż zdążysz wypowiedzieć słowo.

„Powiedz tylko słowo, a mój sługa będzie uzdrowiony."

I tak się stało, w tej samej godzinie, nawet zanim padło ostatnie słowo. Taka była wiara rzymskiego setnika.

Lecz wy jesteście niczym trędowaci na umyśle. Zżerają was od środka złe myśli. Niektóre są wam narzucane. Wiele jest jednak waszym wytworem – powołujecie je do istnienia i hodujecie godzinami, tygodniami, latami.

... i dziwicie się, skąd u was te choroby.

Możesz „uporać się ze swoimi zdrowotnymi kłopotami", jak to ująłeś, uzdrawiając swoje myślenie. Tak, możesz wyleczyć niektóre dolegliwości, na które już zapadłeś (sprowadziłeś na siebie), jak również zapobiec rozwinięciu się nowych. Możesz tego wszystkiego dokonać przez zmianę myślenia.

Poza tym – a mówię to niechętnie, ponieważ w ustach Boga zabrzmi to nieco przyziemnie, ale – na miłość Boską, **dbaj o siebie bardziej.**

Traktujesz swoje ciało po macoszemu, zwracasz na nie uwagę dopiero, gdy nabierzesz podejrzeń, że coś się w nim psuje. Nie stosujesz żadnej profilaktyki. Lepiej troszczysz się o swój **samochód** niż o ciało.

Nie udaje ci się zapobiec załamaniom pomimo regularnych badań i wizyt u lekarza (po co właściwie chodzisz do lekarza, skoro i tak nie stosujesz się do jego zaleceń? Czy możesz Mi odpowiedzieć?) – a w przerwach między tymi jałowymi wizytami dopuszczasz się wobec swojego ciała karygodnych wykroczeń i zaniedbań.

Nie ćwiczysz, więc ciało **wiotczeje** i, co gorsza, słabnie. Nie odżywiasz go właściwie, co jeszcze bardziej je osłabia.

Potem pakujesz w nie toksyny, trucizny i najbardziej niedorzeczne substancje, które uchodzę za żywność. A mimo to ten wspaniały silnik ciągle ci służy, prze do przodu na przekór tej zniewadze.

To straszne. Wymagasz od swego ciała sprawności w tak okropnych warunkach. I nie zrobisz nic, aby to poprawić, a jeśli w ogóle, to i tak niewystarczająco. Przeczytasz te słowa, przyznasz mi ze smutkiem rację i zaraz powrócisz do swych wyniszczających nawyków. A wiesz dlaczego?

Boję się zapytać.

Ponieważ nie ma w tobie **woli życia.**

To ciężkie oskarżenie.

Nie jest Moim celem cię oskarżać. Ze słowem „oskarżenie" kojarzy się „wina", a z „winą" wykroczenie. Wykroczenie nie ma tu nic do rzeczy, więc nie ma żadnej winy ani oskarżenia.

Po prostu stwierdziłem prawdę. Jak wszystkie stwierdzenia prawdy, działa trzeźwiąco. Ale niektórzy ludzie nie chcą wytrzeźwieć, a właściwie większość. Wolą roić, śnić na jawie.

Świat znalazł się w obecnym położeniu, ponieważ niemal wszyscy chodzą po nim jak we śnie.

A co się tyczy Mojego stwierdzenia, to w czym skłamałem? Przecież nie ma w tobie woli życia. A przynajmniej nie było do tej pory.

Zresztą miało ono tobą wstrząsnąć. Gdy ktoś śpi, czasami trzeba nim potrząsnąć, aby wyrwać go ze snu.

Dawałeś już w przeszłości dowody na to, że niewiele miałeś w sobie woli życia. Teraz możesz się wypierać, ale twoje czyny przemawiają dobitniej niż słowa.

Jeśli choć raz w życiu zapaliłeś papierosa – a tym bardziej przez dwadzieścia lat wypalałeś paczkę dziennie – to wniosek stąd, że nie zależy ci na życiu. Nie obchodzi cię, **co** wyprawiasz ze swoim ciałem.

Ale przecież rzuciłem palenie dziesięć lat temu!

Dopiero po dwudziestu latach morderczej walki. I jeśli kiedykolwiek wziąłeś do ust alkohol, nie zależy ci na życiu.

Piję w umiarkowanych ilościach.

Ciało nie jest przeznaczone do przyjmowania alkoholu. To mąci umysł.

Ale Jezus pił alkohol! Na weselu zamienił wodę w wino!

Kto mówi, że Jezus był doskonały?

Och, na miłość Boską.

Czyżbym wyprowadził cię z równowagi?

Gdzieżbym śmiał zdenerwować się na Boga? To znaczy, byłoby to zuchwalstwem, prawda? Ale mimo wszystko uważam, że to przesada. Ojciec uczył mnie: „wszystko w rozsądnych granicach". I tego się trzymałem, jeśli chodzi o alkohol.

Ciało szybciej dochodzi do siebie, jeśli uderzenie było o umiarkowanej sile. Dlatego z tej zasady może być jakiś pożytek. Niemniej obstaję przy swoim pierwotnym stanowisku: ciało nie jest przeznaczone do przyjmowania alkoholu.

Ale spirytus wchodzi nawet w skład niektórych lekarstw!

Nie mam wpływu na waszą medycynę. Podtrzymuję to, co powiedziałem.

Aleś Ty sztywny.

Słuchaj, prawda jest prawdą. Gdyby ktoś powiedział: „Trochę alkoholu ci nie zaszkodzi" i odniósł to stwierdzenie do życia, jakie obecnie prowadzisz, musiałbym przyznać mu rację. Ale to w niczym nie zmienia prawdy tego, co powiedziałem. Po prostu pozwala ją pominąć.

Zastanów się jednak. Obecnie wy, ludzie, zużywacie swoje ciała przeciętnie między pięćdziesiątym a osiemdziesiątym rokiem życia. Niektóre ciała trwają dłużej, inne przestają funkcjonować szybciej, ale nie większość. Zgadzamy się co do tego?

Tak.

W porządku, mamy więc jakiś punkt wyjścia. Otóż kiedy powiedziałem, że mógłby uznać za słuszne stwierdzenie, że „trochę alkoholu ci nie zaszkodzi", dodałem zastrzeżenie „w odniesieniu do życia**, jakie obecnie prowadzisz".** Wy, ludzie, wydajecie się **zadowoleni** ze swojego obecnego życia. Może was to zdziwi, ale nie tak miało wyglądać wasze życie. A wasze ciała miały wystarczyć na dłużej, **o wiele dłużej.**

Czyżby?

Tak.

Na jak długo?

Nieskończenie długo.

Co to oznacza?

Znaczy to, mój synu, że twoje ciało miało ci służyć bez końca.

Bez końca?

Tak. Po wsze czasy.

Chcesz powiedzieć, że nie mieliśmy umierać?

Nigdy naprawdę nie umieracie. Życie jest wieczne. Wy jesteście nieśmiertelni. Nie umieracie, po prostu zmieniacie postać. Ale nawet tego nie musieliście robić. Sami tak postanowiliście, nie Ja. Ja stworzyłem dla was ciała **wiecznotrwałe.** Czy naprawdę uważasz, że szczytem Boskich możliwości jest ciało, które przeżywa 60, 70, może 80 lat, a potem się sypie? Czy na tym, w twoim wyobrażeniu, Moja moc twórcza się wyczerpuje?

Nie ująłbym tego w ten sposób...

Wymyśliłem dla was ciało na **wieczność!** I pierwsi ludzie w istocie żyli w ciałach, które nie znały bólu, wolni od leku przed tym, co teraz nazywacie śmiercią.

Wasze mity odzwierciedlają zakodowana w komórkach waszego ciała pamięć o tych pierwszych przedstawicielach rodzaju ludzkiego, którym nadaliście imiona Adam i Ewa. Byli oni, rzecz jasna, znacznie liczniejsi.

Mój Boski plan wymagał, aby wasze wspaniałe dusze miały szansę poznać siebie, jakimi naprawdę są, na drodze doświadczeń zdobytych w ciele fizycznym, w świecie względności – tłumaczyłem to już tobie nie raz.

Tworzenie materii, włącznie z tą, którą określasz jako ciało fizyczne, dokonywało się przez wyhamowywanie prędkości wibracji.

Życie rozwinęło się etapami, w mgnieniu oka, które wy mierzycie w miliardach lat. I w jednej chwili pojawiłeś się ty, wyszedłeś z wody, kolebki życia, na ląd, w swym obecnym kształcie.

Więc ewolucjoniści się nie mylą!

Zabawne, że wy, ludzie, odczuwacie taką potrzebę rozgraniczania wszystkiego, ustalania, po której stronie stoi racja. Nigdy nie przychodzi wam do głowy, że **sami stworzyliście te wyznaczniki.**

Nie mieści się wam w głowach (jedynie w co znakomitszych umysłach), że coś może być **zarazem** słuszne i nie, że wybór między jednym a drugim jest wyłącznie właściwością świata względności. W świecie absolutu, czasu-bezczasu, wszelkie rozróżnienia znikają.

Nie ma tego, co żeńskie, i tego, co męskie, nie ma przedtem i potem, szybko i wolno, tu i tam, na górze i w dole, po prawej i po lewej – nie ma też rzeczy słusznych i mylnych.

Czegoś zbliżonego doznali wasi astronauci. Wyobrażali sobie, że lecą **do góry,** w kosmos. A gdy znaleźli się w kosmosie, okazało się, że patrzą na „Ziemię z **dołu.** Ale czy naprawdę? Może patrzyli na Ziemię z **góry!** A gdzie było słońce? Na górze? W dole? Nie, tam po lewej. Nagle odniesienia **w górę, w dół** straciły rację bytu – istniało tylko z **boku**... i wszelkie rozróżnienia **zniknęły.**

Podobnie jest w Moim świecie – w naszym – w naszym prawdziwym świecie. Ze względu na tę nieokreśloność trudno ująć go w słowa.

Religia stanowi próbę opisania tego, co opisać się nie daje. I nie jest to próba udana.

Nie, mój synu, ewolucjoniści się mylą. Stworzyłem to wszystko w mgnieniu oka, w jednej Boskiej chwili – dokładnie tak, jak twierdzą kreacjoniści. Ale... odbyło się to na drodze ewolucji, w **waszej** skali trwającej miliardy lat; tak jak twierdzą ewolucjoniści.

Oba poglądy są na swój sposób „słuszne". Jak przekonali się astronauci, **wszystko zależy, jak na to spojrzeć.**

Ale w gruncie rzeczy, jedna Boska chwila czy miliardy lat, co za różnica? Czy nie można po prostu przyjąć, że pewne tajemnice życia są po prostu nieprzeniknione, nawet dla was? Uznać tych tajemnic za święte? W ich świętości pozostawić je w spokoju, nie drążyć?

Przypuszczam, że mamy nienasycony głód wiedzy.

Ale ty już wiesz! Właśnie **ci powiedziałem!** Ale ty nie chcesz znać Prawdy, ty chcesz prawdy, takiej **jak ty ją pojmujesz.** To największa przeszkoda na drodze do oświecenia. Wydaje ci się, że znasz prawdę. Wydaje ci się, że rozumiesz, jak jest naprawdę. Więc zgadzasz się ze wszystkim, co mieści się w obrębie twego rozumienia, odrzucasz zaś to, co do niego nie przystaje. I to jest według ciebie poszerzanie wiedzy, otwartość na nowe nauki. **Niestety, nigdy nie będziecie otwarci na nowe nauki, dopóki pozostaniecie zamknięci na wszystko inne, co nie jest waszą prawdą.**

Dlatego okrzykniecie tę książkę bluźnierstwem, a nawet dziełem Szatana.

Lecz ci, którzy mają uszy, niechaj słuchają. Powiadam ci: **Nigdy nie było ci przeznaczone umrzeć.** Twoja fizyczna postać została pomyślana jako wspaniałe narzędzie, cudowny aparat, za pośrednictwem którego możesz doświadczać rzeczywistości powołanej do życia przez umysł, poznać swą Jaźń, którą wymyśliłeś w duszy.

Zamysł w duszy, tworzenie w umyśle, doświadczanie w ciele. Krąg się zamyka. Wówczas dusza poznaje siebie w doświadczeniu. Jeśli nie odpowiada jej to, czego doświadcza, albo z jakiegoś powodu życzy sobie innych doznań, po prostu zmienia koncepcję, wymyśla **nowe** doświadczenie Jaźni.

Wkrótce ciało pogrąża się w nowym doświadczeniu. („Jam jest zmartwychwstanie i Życie", to wspaniały tego przykład. Jak ci się wydaje, że Jezus tego dokonał? A może nie wierzysz, że to wydarzyło się naprawdę? **Wydarzyło się! Uwierz!)**

Lecz na tym udział duszy się kończy: nigdy nie zmusi ciała ani umysłu do uległości. Ja cię uczyniłem jako istotę troistą, trzy w jednym, na obraz i podobieństwo Mnie.

Te trzy aspekty Jaźni są równorzędne; każdy ma zadanie do wykonania, żadne nie jest ważniejsze od pozostałych, ani ich nie **poprzedza.** Są współzależne i dokładnie równe sobie.

Zamysł – tworzenie – doświadczenie. Co zamyślasz, tworzysz; co tworzysz, doświadczasz; co doświadczasz, zamyślasz.

Dlatego jest powiedziane, że jeśli zdołasz sprawić, aby ciało zaznało czegoś (na przykład obfitości), wkrótce poczucie to zagości w twojej duszy, która zacznie myśleć o sobie inaczej, jako bogatej. W ten sposób podana zostanie twojemu umysłowi nowa myśl, a z nowej myśli wyłonią się dalsze doświadczenia i ciało zacznie na stałe żyć w nowej rzeczywistości, rzeczywistości obfitości.

Ciało, umysł i dusza (duch) są jednym. Jesteś mikrokosmosem, który odzwierciedla Mnie – Boską Całość, Święte Wszystko, Sumę i Osnowę Istnienia. Rozumiesz teraz, w jaki sposób jestem początkiem i kresem Wszechrzeczy, Alfą i Omegą.

Teraz wyjawię ci tajemnicę największą związku, jaki naprawdę nas łączy.

JESTEŚ MOIM CIAŁEM.

Jak twoje ciało ma się do twego umysłu i duszy, tak ty się masz do Mojego umysłu i duszy. Toteż:

Cokolwiek doświadczam, doświadczam przez ciebie.

Jak jednością są twoje ciało, umysł i duch, tak i są Moje.

Tak więc Jezus z Nazaretu, jeden z wielu, którzy zgłębili ten sekret, wyraził niezmienna prawdę mówiąc: „Ja i mój Ojciec to Jedno".

Zapewniam cię, że nadejdzie dzień, w którym objawione ci zostaną inne, jeszcze donioślejsze tajemnice. Gdyż tak jak ty jesteś Moim ciałem, tak Ja stanowię ciało innego.

To znaczy, że nie jesteś Bogiem?

Jestem Bogiem, w twoim tego rozumieniu. Jestem Boginią, w twoim tego pojmowaniu. Jam Jest Stwórcą wszystkiego, co poznajesz i czego doświadczasz, a wy jesteście Moimi dziećmi... tak jak Ja jestem dzieckiem innego.

Chcesz powiedzieć, że nawet nad Bogiem jest jakiś Bóg?

Powiadam ci, że twoje postrzeganie ostatecznej rzeczywistości jest bardziej ograniczone, niż myślisz, a Prawda bardziej **nieograniczona,** niż możesz sobie wyobrazić.

Daję ci w ten sposób przedsmak nieskończoności – i nieskończonej miłości. (Większej dawki nie pomieściłbyś w swojej rzeczywistości. I tak ledwo udaje ci się upchnąć to.)

Chwileczkę! To znaczy, że tak naprawdę nie rozmawiam wcale z Bogiem?

Mówiłem ci – jeśli pojmujesz Boga jako swojego stwórcę i pana – jak ty jesteś stwórcą i panem swojego ciała – jestem dla ciebie Bogiem. I rozmawiasz z Nim, nie bój się. Pysznie nam się gawędziło, prawda?

Mniejsza o to. Wydawało mi się, że rozmawiam z prawdziwym Bogiem. Bogiem Bogów. No, wiesz – facetem na samej górze, wielkim wodzem.

I tak jest. Uwierz mi. Naprawdę.

Mimo to twierdzisz, że w hierarchii rzeczy jest jeszcze ktoś nad Tobą?

Porywamy się tu na niemożliwe – mianowicie próbujemy ubrać w słowa to, co niewysławialne. Jak mówiłem, jest to dążenie wszelkich religii. Zobaczę, może uda mi się to jakoś zobrazować.

Na zawsze to dłużej, niż jesteś w stanie ogarnąć. Wiecznie to dłużej niż na zawsze. Bóg p**rzerasta** twoją wyobraźnię. Bóg to energia, którą nazywasz wyobraźnią. Bóg to tworzenie. Bóg to pierwsza myśl i ostatnie doświadczenie. Bóg to wszystko, co jest pomiędzy.

Czy patrzyłeś kiedyś przez silnie powiększający mikroskop, albo oglądałeś poglądowe filmy o przebiegach procesów na poziomie molekularnym, myśląc sobie przy tym: „Wielkie nieba, tam w dole rozciąga się **cały wszechświat,** przy którym ja, obserwator, tu i teraz, muszę wydawać się Bogiem!" Czy przeżyłeś kiedyś coś takiego?

Moim zdaniem, każdy myślący człowiek doświadczył czegoś podobnego.

Właśnie. W ten sposób zyskujesz jakieś pojęcie o tym, co Ja ci tu pokazuję.

A jakbyś przyjął wiadomość, że ta rzeczywistość **nie ma końca?**

Poprosiłbym o wyjaśnienie. Wyjaśnij mi to.

Weź najmniejszy okruch wszechświata, jaki zdołasz sobie wyobrazić. Wyobraź sobie tę drobinkę materii.

Mam.

Teraz podziel ją na pół.

Mam.

Co otrzymałeś?

Dwie mniejsze połówki.

Dokładnie. Teraz je podziel na pół. No i co?

Jeszcze mniejsze połówki.

Słusznie. Powtarzaj to dalej! Co zostaje?

Coraz mniejsze drobinki.

Właśnie. Ale na czym to się **kończy?** Ile razy trzeba podzielić materię do jej zaniku?

Nie wiem, materia chyba nigdy nie znika.

Chcesz powiedzieć, że **nie można jej zniszczyć do końca?** Można co najwyżej zmienić jej postać?

Na to wychodzi.

Powiadam ci więc: poznałeś właśnie sekret wszelkiego życia i wejrzałeś w nieskończoność. Teraz ja mam do ciebie pytanie...

Słucham?

Skąd u ciebie przekonanie, że nieskończoność rozciąga się tylko w jedną stronę?

Czyli... można bez końca posuwać się w górę podobnie jak w dół.

Nie ma góry ani dołu, ale rozumiem, co masz na myśli.

Ale skoro znikomość nie ma kresu, to znaczy, że wielkość też.

Słusznie.

Ale skoro wielkość nie ma kresu, wówczas nie ma rzeczy ***największej****. W szerszym wymiarze oznacza to, że* ***nie ma Boga!***

Albo – **wszystko jest Bogiem, nie ma nic poza nim.**

Powiadam ci: JAM JEST, KTÓRY JEST.

I TYŚ JEST, KTÓRY JEST. Nie możesz nie być. Możesz zmieniać postać do woli, ale przestać być nie możesz. Zdarza się jednak, że **zapomnisz,** Kim Naprawdę Jesteś – wskutek czego **doświadczasz siebie tylko połowicznie.**

Na tym polega piekło.

Zgadza się. Ale nie jesteś na nie skazany. Nie jesteś potępiony na wieki. Aby wydostać się z piekła, czyli niepamięci, wystarczy tylko odzyskać utracona wiedzę.

Można tego dokonać na wiele sposobów i w różnych wymiarach.

W jednym z takich wymiarów przebywasz obecnie. W waszym rozumieniu, jest to trzeci wymiar.

Są jeszcze inne?

Czyż nie mówiłem ci, że Moje Królestwo obejmuje liczne włości? Nie wprowadzałbym ciebie w błąd.

Więc piekła nie ma, naprawdę... To znaczy, nie ma żadnego wymiaru, na który bylibyśmy skazani po wsze czasy!

Czemu to miałoby służyć?

Mimo to zawsze podlegacie ograniczeniom – swojej wiedzy, gdyż należycie do istot, które same siebie tworzą.

Nie możesz być tym, o czym nie wiesz, że możesz być.

Dlatego dano ci to życie – abyś mógł poznać siebie w doświadczeniu. Wówczas możliwe staje się wymyślenie Jaźni i tworzenie siebie w doświadczeniu według tego zamysłu – koło się zamyka... tyle że wyżej.

Podlegasz więc procesowi nieustannego wzrastania – czy jak to w tej książce ujmowałem – **stawania się.**

Możesz stać się czymkolwiek, nie ma tu żadnych ograniczeń.

To znaczy, że mogę stać się nawet – nie chce mi to przejść przez usta – Bogiem? Tak jak Ty?

A jak sadzisz?

Nie wiem.

Jak długo nie wiesz, nie możesz. Pamiętaj o Trójcy: Duch Święty, Ojciec i Syn; duch, ciało, umysł. Zamysł, tworzenie, doświadczenie.

DUCH ŚWIĘTY = NATCHNIENIE = ZAMYSŁ OJCIEC = RODZICIELSTWO = TWORZENIE SYN = POTOMSTWO = DOŚWIADCZENIE

Syn doświadcza tworu rodzicielskiej myśli, która poczyna się z Ducha Świętego. Czy jesteś w stanie pomyśleć, że któregoś dnia będziesz Bogiem?

W najśmielszych marzeniach.

Świetnie, gdyż Ja oświadczam ci: Już jesteś Bogiem. Tylko o tym nie wiesz.

Czyż nie mówiłem wam: „Jesteście Bogami"?

14

No i proszę. Wyłożyłem ci wszystko. O życiu. Na czym polega. Czemu służy. W czym jeszcze mogę ci pomóc?

Nie mam więcej pytań. Jestem Ci wdzięczny za ten niesamowity dialog. Zaszliśmy tak daleko, poruszyliśmy tyle zagadnień. Kiedy patrzę na listę moich początkowych pytań, widzę, że uporaliśmy się z pięcioma pierwszymi – dotyczącymi życia, związków, pieniędzy i kariery oraz zdrowia. Zostało jeszcze kilka, ale w świetle tych rozważań wydają się nieistotne.

Ale je zadałeś. Załatwmy więc to szybko.

6. *Jaką karmiczną naukę mam stąd wynieść? Co próbuję opanować?*

Żadnej nauki wynosić nie masz. Nie masz niczego się uczyć, masz tylko sobie przypomnieć. Czyli zwrócić się do Mnie.

Co próbujesz opanować? Samą sztukę opanowywania.

7. *Czy istnieje reinkarnacja? Ile mam już za sobą przeszłych żywotów? Czym byłem poprzednio? Czy „karmiczny dług" to prawda?*

Trudno uwierzyć, że to jeszcze podlega dyskusji. Doprawdy, nie pojmuję. Doświadczenia przeszłego życia są tak dobrze udokumentowane. Niektórzy podają dokładne szczegóły zdarzeń, dane, które można sprawdzić, aby nikt nie mógł posądzić ich o to, że wyssali to wszystko z palca, czy w jakiś sposób udało im się wywieść w pole badaczy i swoich najbliższych.

Masz za sobą 647 przeszłych żywotów, skoro tak ci zależy na ścisłości. Obecny jest 648. Zasmakowałeś już wszystkiego. Byłeś królem, królową, pachołkiem. Nauczycielem, uczniem, mistrzem. Kobietą, mężczyzną. Wojownikiem, pacyfistą. Bohaterem, tchórzem. Zabójcą, zbawicielem. Mędrcem, głupcem! Wszystkim!

Nie, karmiczny dług nie istnieje – nie w takim sensie, jak zakłada pytanie. Dług to coś, co trzeba spłacić. **Ty zaś do niczego nie jesteś zobowiązany.**

Są jednak pewne rzeczy, które **chcesz** robić, których z **własnego wyboru** pragniesz doświadczać. A pewne wybory wynikają z uprzednich doświadczeń.

Oto dość wyczerpujący, na tyle, na ile pozwalają słowa, opis zjawiska, które nazywasz karmą.

Jeśli przez karmę rozumiesz chęć doskonalenia się, rozwijania i wedle tej miary osądzania przeszłych zdarzeń, wówczas, owszem, karma istnieje.

Ale nie stawia przed tobą żadnych wymagań. Jesteś przecież i zawsze byłeś istotą wolną.

8. *Czasami odczuwam wrażliwość pozazmysłową. Czy jest coś takiego jak „wrażliwość pozazmysłową"? Czy to właśnie odczuwam? Czy ludzie obdarzeni tą wrażliwością „wchodzą w konszachty z diabłem"?*

Tak, jest coś takiego jak wrażliwość pozazmysłowa. Masz taką wrażliwość. **Każdy** ma. Bez wyjątku. Są tylko ludzie, którzy jej nie używają.

Wrażliwość pozazmysłowa jest niczym więcej jak dodatkowym zmysłem.

Oczywiście, że to nie są „konszachty z diabłem", w przeciwnym razie nie wyposażyłbym was w ów zmysł. Zresztą diabła nie ma i nie ma z kim wchodzić w konszachty.

Kiedyś – może w drugiej części – wytłumaczę ci, na czym polega wrażliwość pozazmysłowa.

Więc będzie część druga naszych rozmów?

Tak. Ale najpierw skończmy te.

9. *Czy jest w porządku przyjmowanie pieniędzy za czynienie dobra? Na przykład jeśli postanowię zająć się uzdrawianiem – Bożym dziełem – czy mogę to robić i jednocześnie wzbogacić się finansowo? Czy te dwie rzeczy wzajemnie się wykluczają?*

To już sobie wyjaśniliśmy.

10. *Czy seks jest w porządku? O co tak naprawdę chodzi w tym ludzkim doświadczeniu? Czy seks służy wyłącznie prokreacji, jak głoszą niektóre religie? Czy prawdziwą świętość i oświecenie osiąga się przez wyrzeczenie się – lub sublimację – energii seksualnej? Czy można iść z kimś do łóżka bez miłości? Czy samo fizyczne doznanie stanowi wystarczające uzasadnienie tego aktu?*

Oczywiście, że seks jest „w porządku". Gdybym nie chciał, abyście się w pewne rzeczy bawili, czy dawałbym wam do tego zabawki? Czy wy dajecie dzieciom zabawki, jeśli nie chcecie, aby się nimi bawiły?

Bawcie się seksem! To takie **przyjemne!** Ciało nie może chyba dostarczyć wam większej rozkoszy, jeśli mowa o czysto fizycznych doznaniach.

Ale dlaczego kalacie niewinność, radość i czystość tej intymnej sfery nadużywając jej do innych celów? Władzy, umocnienia ego, dominacji? Niechaj daje wam samą rozkosz, doprowadza do ekstazy, wspólnej, dzielonej, która jest **miłością,** z której bierze się **nowe** życie! Czyż mogłem wymyślić jeszcze przyjemniejszy sposób na to, aby was przybywało?

Co do wyrzeczenia już się wypowiadałem. Nic świętego z wyrzeczenia jeszcze nigdy nie wyniknęło. Niemniej zmieniają się pragnienia w miarę poznawania wyższych rzeczywistości, toteż nie jest niczym niezwykłym stopniowe wygasanie pragnień w sferze erotycznej – czy jeśli o to chodzi, w każdej innej sferze doświadczenia cielesnego. Doświadczenia w sferze duchowej wysuwają się na czoło – i stają się źródłem jeszcze większej rozkoszy.

Co kto lubi i nie sądź drugiego – oto nasze hasła.

Na ostatnią część twego pytania odpowiem tak: Nie potrzebujesz uzasadniać niczego. Nie szukaj powodu, lecz bądź przyczyną swojego doświadczenia.

Pamiętaj, doświadczenie wpływa na koncepcję Jaźni, koncepcja prowadzi do tworzenia, tworzenie urzeczywistnia doświadczenie.

Chcesz doświadczać siebie jako kogoś, kto uprawia seks bez miłości? Śmiało! Oddawaj się temu, aż ci przejdzie ochota. Jedyną rzeczą, jaka może cię skłonić do zaprzestania tego lub każdego innego zachowania, jest tylko i wyłącznie nowo powstająca w tobie myśl o tym, Kim W Istocie Jesteś.

Nic prostszego – i nic bardziej złożonego.

11. Dlaczego uczyniłeś sferę erotyki tak rozkosznym i potężnym doznaniem, jeśli mamy trzymać się od niej z daleka ile tylko się da. Dlaczego, skoro już o tym mowa, wszystkie przyjemne rzeczy są albo „niemoralne, nielegalne, albo tuczące"?

Na to ostatnie przed chwilą odpowiedziałem. Żadne przyjemne rzeczy nie są ani „niemoralne, nielegalne ani tuczące". Wasze życie jednak stanowi ciekawy eksperyment w definiowaniu przyjemności.

Dla niektórych oznacza ona doznania cielesne. Innym może wydawać się czymś zupełnie odmiennym. Wszystko zależy od tego, za kogo się uważasz i jak postrzegasz swój pobyt na Ziemi.

Na temat seksu wypadałoby zresztą powiedzieć o wiele więcej – niemniej najistotniejsze jest to: seks to radość, wy zaś skutecznie ją w nim zabiliście.

Seks jest święty – tak. Radość i świętość w rzeczywistości idą w parze (są właściwie jednym i tym samym), choć wielu jest przeciwnego zdania.

Wasz stosunek do seksu stanowi odbicie waszej postawy wobec życia. Życiem trzeba się radować, delektować, wy zaś uczyniliście zeń doświadczenie zatrute lękiem, niepokojem, niedoborem („za-małością"), zawiścią, gniewem i rozpaczą. To samo dotyczy erotyki.

Stłumiliście seksualność, tak jak stłumiliście życie, zamiast pozwolić rozkwitnąć waszej Jaźni bujnie, nieskrępowanie.

Okryliście wstydem erotyzm, tak jak okryliście wstydem życie, piętnując jako niecne i nieczyste, zamiast wychwalać jako największy dar niebios, najwyższą rozkosz.

Nim zdążysz temu zaprzeczyć, przyjrzyj się powszechnym postawom wobec życia. Cztery piąte ludzi na świecie uważa, że życie to udręka, okres próby, dług karmiczny, który trzeba spłacić, szkoła, z której trzeba wynieść surowe nauki, w sumie doświadczenie, które trzeba znieść oczekując **prawdziwej** radości, która ma nastąpić **po śmierci.**

To **wstyd,** że tylu z was tak myśli. Nic dziwnego, że przenieśliście wstyd na akt, który daje początek życiu.

Energia seksualna to energia życia; to życie. Pociąg, nieodparta chęć zbliżenia się do drugiego, złączenia się w jedno, to podstawowa dynamika rządząca życiem. Wszczepiłem ją każdemu przejawowi i poziomowi życia. Jest wrodzona, ukryta we wnętrzu Wszystkiego, Co Jest.

Zasady moralne, religijne zakazy, społeczne tabu i konwencje uczuciowe, jakimi obłożyliście seks (nawiasem mówiąc, miłość też, i całe życie), uniemożliwiają wam wręcz **radowanie się istnieniem.**

Od niepamiętnych czasów człowiek zawsze pragnął tylko jednego: kochać i być kochanym. I od niepamiętnych robił wszystko, co w jego mocy, aby stało się to niewykonalne. Erotyzm to niezwykły wyraz miłości – do drugiego człowieka, do siebie, do samego życia. Powinieneś więc uwielbiać seks! (I uwielbiasz – tylko nie możesz się z tym zdradzić, bo zaraz uznają cię za zboczeńca, ale prawda jest taka, że to sama idea seksu jest wypaczona.)

W naszej następnej książce zajmiemy się erotyką bliżej; zgłębimy szczegółowo dynamikę seksu, ponieważ jest to zjawisko o dalekosiężnych skutkach w skali całego świata.

Na razie – szczególnie do twojej wiadomości – powiem tylko tyle: **Nie dałem wam nic, czego powinniście się wstydzić, a zwłaszcza ciała i jego funkcji. Nie ma powodu otaczać ciała i jego funkcji tajemnicą – ani ukrywać swojej do niego miłości czy do siebie nawzajem.**

Telewizja nie widzi nic zdrożnego w ukazywaniu bez osłonek przemocy, a wystrzega się **nagiej** prawdy o miłości. Całe wasze społeczeństwo odzwieciedla taki porządek rzeczy.

12. *Czy istnieje życie na innych planetach? Czy mieliśmy już gości z kosmosu? Czy przyglądają nam się teraz? Czy za naszego życia ujrzymy niepodważalne dowody na istnienie pozaziemskiej inteligencji? Czy każda odrębna forma życia ma swojego Boga? Czy Ty jesteś Bogiem Wszechrzeczy?*

Na pierwsze, na drugie i na trzecie pytanie odpowiedź brzmi tak. Nie mogę odpowiedzieć na czwarte, ponieważ musiałbym wybiec w przyszłość – a tego robić nie chcę.

13. *Czy spełni się kiedyś na Ziemi utopia? Czy Bóg objawi się ludzkości zgodnie z obietnicą? Czy nastąpi Powtórne Przyjście? Czy nastanie koniec świata – albo apokalipsa, którą wróży Biblia? Czy jest jakaś jedna prawdziwa religia? Jeśli tak, to która?*

Wyszłaby z tego cała książka, w istocie stanowi to przedmiot trzeciego tomu naszego cyklu. Starałem się ograniczyć książkę pierwszą do zagadnień osobistych i bardziej praktycznych. Do spraw donioślejszych, o następstwach w skali ogólnoświatowej i kosmicznej, przejdziemy w dalszych odcinkach.

Czy to na teraz wszystko? Czy na tym kończy się nasz obecny dialog?

Czyżbyś już za Mną tęsknił?

A żebyś wiedział. Dobrze się tym wszystkim bawiłem. Więc na jakiś czas się rozstajemy?

Potrzebny ci odpoczynek. Tak jak twoim czytelnikom. Tyle trzeba sobie przyswoić. Tyle przetrawić. Rozważyć. Zrób sobie urlop. Przemyśl to raz jeszcze.

Ale nie czuj się opuszczony. Ja zawsze jestem przy Tobie. Jeśli najdą cię pytania – zwyczajne pytania – możesz się do Mnie zwrócić, nie jest konieczna do tego forma książki.

Ja przemawiam na różne sposoby. Nasłuchuj Mnie w prawdzie swojej duszy. W uczuciach serca. W wyciszonym umyśle.

Słuchaj Mnie na każdym kroku. Ilekroć zechcesz Mnie zapytać, wiedz, że Ja już odpowiedziałem. Otwórz szeroko oczy i spójrz na świat. Mą odpowiedź znajdziesz w artykule już wydrukowanym. Kazaniu już ułożonym, które niebawem zostanie wygłoszone. W filmie właśnie powstającym. W piosence skomponowanej wczoraj. W słowach, które wypowie twoja ukochana. W sercu nowego przyjaciela, jakiego pozyskasz.

Moją Prawdę obwieszcza szept wiatru, paplanina potoku, grzmot pioruna, stukot deszczu.

To ziemia, którą czujesz pod stopami, przyciąganie księżyca, zapach lilii, ciepło słoneczne.

Moja Prawda – niezawodna dla ciebie pomoc w potrzebie – jest tak przejmująca jak nocne niebo i tak naiwnie ufna jak gaworzenie dziecięcia. Jest tak głośna jak dudniące bicie serca – i tak cicha jak oddech wzięty w jedności ze Mną.

Nie zostawię ciebie, nie mogę, gdyż jesteś Moim tworem, Moim dziełem, Moją córką i Moim synem, Moim celem i Moim... Ja.

Przywołuj Mnie więc, ilekroć i gdziekolwiek utracisz spokój, który jest Mną.

Będę jak zawsze.

Z Prawdą.

Miłością.

Światłością.

www.nealedonaldwalsch.com